Für Nils und Benedikt

GERALD HEIDEGGER

«ÖSTERREICHER BIST DU ERST IN JESOLO»
EINE IDENTITÄTSSUCHE

BAHOE BOOKS

Gerald Heidegger
«Österreicher bist du erst in Jesolo»
Eine Identitätssuche

2. Auflage
© bahoe books, Wien 2024

Covergestaltung: Verena Repar
Titelbild: Campari-Schaukel von Rimini
atlantic-kid / Alamy Stock Foto

ISBN 978-3-903478-19-0

bahoe books
Fischerstiege 4–8
A-1010 Wien
Österreich

bahoebooks.net

Inhalt

Prolog. Das waren einmal und das sind jetzt wir 11

Eins. Im «schrägen Durchgang»:
Österreich, Italien und die Verschiebung aller Grenzen 23

Zwei. Verstellte Selbstbilder:
Ein anderes Erbe der Aufklärung 41

Drei. Der imaginäre Name Österreich 59

Vier. Grillparzer und die Geheimschrift Österreich 77

Fünf. Kultur als Notationssystem 85

Sechs. Erfindung der Tradition und Österreichs herausragende Stellung 89

Sieben. «Wiener Gemurksel»:
Überlegenheitssehnsüchte 1938–45 107

Acht. Rückgriff statt Zäsur:
Österreichs moderate Moderne nach 1945 113

Neun. Tiefengrund der Gegenwart:
Von den 1980ern zurück in die 1970er Jahre und wieder weiter 135

Zehn. Geschichte und Aufdeckung:
Die 1980er und die Folgen 147

Elf. Weltbürgerschaft und Warnung:
Flucht nach Rom 155

Zwölf. Caorle liegt gleich am Karlsplatz 161

Bibliografie 167

«Solange das Geld, die italienische Oper und die Heimreise zu bezahlen, reicht, bleibe ich in Wien!»

Georg Friedrich Hegel, 1824, an seine Frau

«Forza Jesolo!»

Hans Krankl

Gabriele D'Annunzio (links) vor dem Flug nach Wien am 9. August 1918 mit dem Piloten Natale Palli.

Prolog. Das waren einmal und das sind jetzt wir

Für ein Wiener Kind der 1970er Jahre waren der Geschmack einer Pizza und das Aroma von Olivenöl die ersten kulinarischen Fremderfahrungen im Leben. Im Alter von sechs Jahren hätte ich mich fast nach Hause gesehnt, wäre da nicht, an der Oberen Adria, die erste Begegnung mit dem Meer gewesen. Alle sehnten sich damals im Österreich der 1970er Jahre nach den Adria-Stränden. Fern- oder Flugreisen waren für die meisten noch gar kein Thema. Mein Onkel Bertl von der Nachbarstiege, der gar nicht mein Onkel war und eigentlich Engelbert hieß, war in der Expertise zu den idealen Urlaubsorten an der Oberen Adria nicht zu überbieten: In Grado zähle vor allem die Pineta, Lignano sei zum Campen da, Caorle überhaupt «der Traum». Caorle sprach er charmant mit einem «U» nach dem «A» aus, und beim Wort Bibione zählten die Pausen zwischen den Silben. «Und bis du dann in Jesolo bist», pflanzte ihn mein Vater, der auch Bertl hieß, «geht dir schon wieder dein Schnitzel ab». Das konnte der andere Bertl nicht auf sich sitzen lassen. Aber abstreiten konnte er es auch nicht. «Da unten werden wir erst richtig wir», schwadronierte er und zelebrierte den großen Philosophen des Lebens. Eigentlich meinte er mit seinem *Da unten*: «Das waren alles einmal wir.»

Vielleicht erkannten diese zwei Wiener aber auch, dass uns Italien von der Haltung näher stand als das gleichsprachige Deutschland: Gesellschaft und Theater sind für beide Länder eins. Die Pose ist ein nicht unwichtiger Bestandteil von dem, was man gemeinhin «Haltung» nennt. Und wenn ein Wiener den anderen auffordert, «doch kein Theater» zu machen, so ist damit die Aufregung zu einem Thema gemeint, der man immer auch etwas Künstliches unterstellt. Italien und ‹wir›, das war auf jeden Fall «ein Theater», wie man in Wien sagt.

Später, als ich während meines Studiums Reiseleiter war und jedes Jahr mit österreichischen Reisegruppen fünf-, sechsmal in die Toskana fuhr, um die Renaissance zu entdecken, fiel mir stets eines auf: Spätestens nach dem letzten Tunnel des Kanaltals, als man die Tolmezzo-Kurve hinter sich gelassen hatte, fingen die Gäste an Bord an, über «daheim» zu reden. Irgendwie triggerte schon der Anblick der rostigen Leitplanken am Straßenrand die wiedergefundene Wertschätzung für das Zuhause. Das, so könnte man einwenden, ginge anderen Nationen, gerade im benachbarten Ausland, doch nicht anders. Doch die Österreicher führten die Liebe ans Daheim in allen Gesprächen mit, in die sie sich mit Italienern radebrechend einließen. Wer sie daheim grantelnd erlebte, sah sie hier in Italien stolz. Dieses Land wollte der Welt erzählen, dass es etwas erreicht hatte, dass es klein, aber besonders war.

Der LASK, berichtete ein Mann aus Linz jüngst auf der Bootsüberfahrt von Punta Sabbioni nach San Zaccheria den neben ihn sitzenden Fans von Veneziamestre, die zum Heimspiel nach Sant'Elena unterwegs waren, würde sich bald groß in Europa machen. «Natürlich sind wir nicht Italien, aber da kommt noch was», kündete er den freundlichen Venezianern von künftig Großem aus dem kleinen Land.

Wenn Marko Arnautovic bei Inter einmal von Anfang an spielt und nach einem mehr als unauffälligen Match den einen genialen Pass macht, den sein Kollege Nicolò Barella zum Tor verwandelt, dann tanzen die Headlines in Österreich vor Verzückung zu dem wilden Genie, das ‹wir› in die Lombardei geschickt haben. Die *Gazzetta dello Sport* schrieb zum selben Ereignis am 24. Dezember 2023 nüchtern: «Der Österreicher hat alles falsch verstanden, aber zeichnen wir das Talent aus, trotzdem im Match zu bleiben bis zu dem Moment des genialen Passes an Barella, der das 2:0 markiert; und weil Weihnachten ist, geben wir ihm 6,5 Punkte.»

Österreichs Schlüsselbegegnungen mit Italien spielten sich eigentlich immer auf dem Boden des Theaters ab. Hatte Maria Theresia die Scala in Mailand nach dem Brand des Teatro Regio Ducale errichten lassen, so wurde dieses Opernhaus zum Schicksalsort österreichischer Herrscher bei den Besuchen auf italienischem Boden. Der mit toskanischer Färbung Italienisch sprechende Kaiser Franz I., der die wiedererlangten habsburgischen Besitzungen in Oberitalien unbedingt unter den Wiener Zentralismus pressen wollte, schleppte im neuen Jahr 1816 seine schwerkranke Frau Maria Ludovica zu einer Huldigungsveranstaltung in die Scala, die mehr als bemüht war. Am Palmsonntag desselben Jahres sollte Franz I. Maria Ludovica in Verona im Alter von gerade einmal 28 Jahren verlieren. 41 Jahre später besuchte Kaiser Franz Joseph im Jänner 1857 die Scala gleich zwei Mal, um dort gemeinsam mit seiner Frau Elisabeth den damals gefeierten jungen Tenor Antonio Giuglini zu erleben.

Die gesamte Reise der beiden durch Oberitalien stand unter keinem guten Stern, was die Stimmung bei den Empfängen anlangte. Je nach nationalem Standort der Betrachtung war der Besuch des Kaiserpaares in Mailand ein Fiasko oder ein Ereignis, bei dem die junge Kaiserin die skeptischen Mailänderinnen und Mailänder mit ihrer offenen Art zu überzeugen wusste. Zwischen diesen historischen Wahrnehmungen steht auch noch der *Sisi*-Film, der nicht unwesentlich auf die populäre Geschichtsvorstellung Österreichs gewirkt hat.

So war alles einmal Österreich im oberen Teil dieses ‹Da Untens›, nicht immer populär, aber doch geachtet. Und ein bisschen, auch durch den Hang zum Theatralen, waren die Italiener dann doch immer schon ‹wie wir›. Das stimulierte auf dem fremden Boden Selbstreflexion und zugleich auch den Vergleich. Waren die Italiener nicht auch: weniger regelkonform, flexibler und stets mit der Gabe zur Improvisation ausgestattet? Waren nicht ‹wir› wiederum die Italiener unter den Deutschen? Denn wenn sich Österreicherinnen und Österreicher im Ausland befinden, zählt eines gewiss auch mit: den Unterschied zu den Deutschen zu markieren. Während sich die Deutschen damit abgefunden haben, nicht gewollt zu sein, wollen die Österreicher das Gegenteil: gemocht werden – und letztlich auch: gesehen werden. Gerade auch in Italien, mit dem man bis zur Mitte der 1970er Jahre die schwierigsten Kapitel in den wechselseitigen Beziehungen überwunden hatte. Und denkt man an Themen wie die Südtirol-Frage, dann waren die zu überwindenden Hürden gar keine so kleinen. Doch belastendes Vergangenes, das nahm im Lauf der Jahrzehnte gerade im Umgang mit Italien aus österreichischer Sicht ab. Zudem war Italien ein guter Ort, das wusste schon Goethe, um sich über das Eigene in einer Art des Selbstgespräches zu verständigen. Weniger als den Deutschen freilich geht es beim Blick auf das Daheim von Italien aus um die Erinnerungen an das Funktionieren des eigenen Gebildes, an dieses Es-besser-Können. Es ist schlicht das Ideal, das für die österreichische Perspektive zählt. Und das Ideal, es schimmert erst aus einiger Blickdistanz durch alles durch.

«*Österreicher bist du erst in Jesolo*» sucht nicht nach einer Sentimentalität oder nach der österreichischen Größe in der Vergangenheit. Schon gar nicht ist es ein Versuch in der Reihe großer Mitteleuropabeschönigungen. Gefahndet wird hier nach dem Mindset, welches Österreich seit seiner Verkleinerung 1918 und einer behaupteten «Stunde Null» 1945 trägt. Italien ist eine gute Kontrastfolie und das österreichische Verhältnis zu Italien ein ausgezeichneter Seismograf, um der österreichischen Identitätskonstruktion einmal anders auf die Schliche zu kommen.

Tatsächlich hat das Land nach 1918 und auch nach 1945 keine neue Erzählung zu seiner Identität finden können, die ohne Bezug auf die Habsburgergeschichte auskommt. Auf der anderen Seite zieht es wieder Italienerinnen und Italiener als Touristen bei ihren Österreich-Besuchen hinein in einen Taumel, der historisch voller Widersprüche ist. Hatte Italien seine Identität, Selbstbestimmung und Freiheit nicht entscheidend vor allem auch gegen Österreich durchgesetzt?

War der «Radetzky-Marsch» von Johann Strauss Vater nicht ein Werk für das Kaisertum, gegen die Revolution und auch für die Niederschlagung der bürgerlichen Emanzipationsbestrebungen in Italien? Zu all dem wird weiterhin alljährlich beim Neujahrskonzert applaudiert.

Nach den Napoleonischen Kriegen und dem Wiener Kongress sollte Österreich die Vorherrschaft in Italien ausüben, freilich ohne über alle Gebiete am Apennin zu verfügen. Diese Aufgabe jedoch konnte Österreich nicht erfüllen, nicht zuletzt auch durch ein Nicht-Lesen der Welt. Just diese letzte Habsburgerzeit ist aber in Österreich die Identitätsschablone geblieben, weil diese immer auch gegen alle Einbrüche des Neuen, Modernen oder Widersprüchlichen gesetzt werden konnte.

«Österreicher bist du erst in Jesolo» erzählt somit vom Österreich-Paradoxon, Identität dort zu verorten, wo sie eigentlich am brüchigsten ist. Über die Heimat dann nachzudenken, wenn man nicht mehr in der Heimat ist. Und für die Sehnsucht nach sich selbst Vorstellungen zu bemühen, die nicht mehr jene der Zeit sind. Die Idee von Mitteleuropa und das Bild vom Schloss Miramare, es gefiel nicht zuletzt jenen Kulturwissenschaftern, die im Weltbürgertum weniger den Bürger als den alten österreichischen Adel wiederfanden.

Wenn der Historiker Oliver Rathkolb die Zweite Republik treffend als «paradoxe Republik» bezeichnet, so wird hier der Begriff der Paradoxie für eine längere Betrachtungsperiode verwendet. Schon die Aufklärung in Österreich war paradox, spielte sie sich doch zwischen den Polen staatlicher Verwaltungssteuerung und ungezügelten Selbstermächtigungsprozessen auf Seiten des Volkes – man denke etwa an die «Leserevolution» der 1780er Jahre – ab. Der Dichter, er war in Österreich im 18. und auch im 19. Jahrhundert ein Staatsdiener, bevor er als selbstständiger Autor nach 1918 begann, die Idee staatlicher Identität über das Terrain der Kultur zu formen.

Italien war mit seinem Risorgimento hierbei früher dran. Spätestens in der Fernliebe von Hugo von Hofmannsthal zu Gabriele D'Annunzio wird der Dichter zum Kommandanten des Selbstfindungsvorganges. Während D'Annunzio im Sommer 1918 über Wien fliegt und Flugblätter gegen Österreich und für den Stolz Italiens abwirft, bemüht sich Hofmannsthal beim letzten Kaiser Österreichs um die Gründung eines Kunstfestivals in Salzburg. Während D'Annunzio zum Mentor des Duce wird, verfasst Hofmannsthal pathetische Huldigungen auf den österreichischen Geist und die besondere Sendung seiner Heimat – und erreicht gemeinsam mit seinen Mitstreitern die Etablierung der Salzburger Festspiele als Projektionsspektakel für einen genuin österreichischen Geist.

Eine besondere Sendung prägt das Bewusstsein in Österreich. Trotz der Kleinheit in der Welt. Schon als amputiertes Kaiserreich nach dem Wiener Kongress sollte eine Gefahr überwunden werden: die von Revolutionen, von Umstürzen in der Welt. Geradezu sinnbildlich wirkt hier die Herrschaft des Hauses Habsburg in der Lombardei. Die aufstrebenden liberalen bürgerlichen Kreise sollten «entpolitisiert», die Abwehr der Revolution über den kalten Arm des Polizeistaates durchgesetzt werden. Alle Bilder, die ab den 1830er Jahren in Oberitalien entstehen, arbeiten gegen den österreichischen Zugriff auf das neue Selbstbewusstsein im Norden des Apennins. Bis in die Fankurven heutiger Stadien in Italien zieht sich eine Ikonografie gegen das Haus Habsburg, ohne dass es etwa den Fans im San Siro immer bewusst ist. Der «Radetzky-Marsch», er ist in Italien das Gegenteil von einem Werk, zu dem man wie in Wien klatscht. Der Marsch, der die Zurückgewinnung der Lombardei nach den Aufständen des Frühjahres 1848 und letztlich den Geist der Restauration gegen die bürgerliche Selbstermächtigung zelebriert, ist zu einem Stück österreichischer Selbstbestimmung geworden, der in Österreich sogar im Fußballstadion eingespielt wird. In Mailand dagegen weht in der Nordkurve von San Siro bei den Inter-Fans ein Transparent, in dem unter dem Motto «Io che amo solo te» («Ich, der nur dich liebt») die Verbundenheit mit dem eigenen Verein durch ein Sujet des malenden Revolutionsromantikers Francesco Hayez unterlegt wird. Sein Bild *Der Kuss* gilt als eine der großen Widerstandshaltungen gegen Österreich, obwohl es eigentlich nur den Abschied eines Soldaten von seiner Geliebten zeigt. Das populäre Bild beschwört Zusammenhalt gegen alle Einflussnahmen von außen. Und in der «Curva Sud», bei den Milan-Fans, kann man im Mailänder Stadtderby schon einmal die Losung von der «Tradizione meneghina» lesen: «Meneghina» als Synonym für typisch «milanese» geht auf den Meneghino der Commedia dell'Arte zurück. Und auch dieser selbstbewusste Charakter stand die längste Zeit als bürgerliche Widerstandsfigur gegen den Zugriff von oben. Kaum ein Mailänder wird sich erinnern, dass die Prachtbauten der Stadt aus dem späten 18. Jahrhundert von Wienern wie Leopold Pollack gestaltet wurden, der auch Architekt des berühmten klassizistischen Palazzo Reale ist, dem heutigen Ort der staatlichen Galleria d'Arte Moderna.

Man mag es Österreich schon als große Leistung anrechnen, aus der radikalen Verkleinerung doch so etwas wie ein Selbstbestimmungsbewusstsein gewonnen zu haben. Man kam nur über die Behauptung einer besonderen Sendung des Landes dazu, die Verzwergung auf Deutsch-Österreich verkraften zu können. Die Schulung durch D'Annunzio war für Hofmannsthal nicht vergeblich, entdeckte er doch für Österreich in den 1920er Jahren, dass die Kultur das rettende Terrain für die Sicherung von Identität sein müsse. Kultur, das ist nicht Kritik und Differenzierung. Kultur ist in Österreich Bestätigung und Einübung in sich selbst. Und bis zur Gegenwart herrscht in dem Land das Gefühl vor, die Welt müsse man nicht gestalten, sondern man müsse sie vor allem: erzählen und dramaturgisch immer in die Idealvorstellung zwängen. Das ist die österreichische Form der Zentralperspektive: wir im Mittelpunkt der Welt. So muss gerade auch die Medienpolitik Österreichs besessen davon sein, die Welt von Österreich aus wegzuerzählen. Das ist mehr als Robert Musil einst mit der Scheidung von Wirklichkeits- und Möglichkeitssinn gemeint hatte. Österreich ist die Übersteigerung der Welt. Vom Barock bis zum einstigen «Hausmeisterstrand» an der Adria. Im Sand der Lagune und im Schatten von Miramare kann sich ein Land gewiss sein: Österreich ist und bleibt besonders.

Die schon in der Restauration erhoffte Entpolitisierung der Welt, vorzüglich vorgelebt in der Herrschaft Österreichs in der Lombardei oder dem Veneto der 1830er und 40er Jahre, sollte bis in die Gegenwart ihre Schatten werfen. Politdebatten wurden in Österreich gerne zu Haltungsdebatten umfunktioniert, unabhängig davon, ob man im linken oder rechten Feld stand. Die großen Konflikte um das Burgtheater waren Haltungsdebatten, meist von Männern bestimmt und dominiert. Auch jetzt, in der Gegenwart, sind es Haltungsdebatten, nach denen gerade auch in Österreich die Welt sortiert wird. Leichteste Abweichungen der Haltung sorgen für tiefe Irritationen. Das, was heute als Moralisierung des Politischen in der Erregungskultur Sozialer Medien beschrieben wird, war in Österreich schon an der Tagesordnung, als es noch gar keine Plattformen wie Twitter oder Facebook gab. Österreich hatte sich. Und Österreich hatte Moral. Mit dieser Moral im Gepäck konnte gehandelt werden. Das Eigene, so die Losung, müsse klar vom ‹Anderen› geschieden werden.

Österreich ist für sich gerade in seinem Funktionieren ein Wunder. Eines, das sich nicht erklären will. Wer die Werke eines Franz Grillparzer oder Adalbert Stifter nicht nur aus dem Geist der Bewahrung in der Schulbildung verordnet bekam (was heute sicher aus vielerlei anderen Gründen nicht mehr passiert), der durfte ja immer über eines staunen: Die Welt war bei beiden dem Wahnsinn nie so fern. Aber der Zusammenhalt der Welt, er wurde durch eine Reihe unsichtbarer

Gesetze garantiert. Nicht der Begriff, sondern die Summe der Gefühle und der Botschaften ordnen ein Land, das, wie Italien, zu sich selbst am ehesten auf der Bühne des Theaters findet. «Wiedererkennungserlebnisse» hat das die Theaterwissenschafterin Hilde Haider-Pregler am Beispiel von Thomas Bernhard genannt – und im Grunde trifft sie damit den Geist einer Auseinandersetzung, die das öffentlich Wirksame stets aus dem Geist eines breit dargebotenen Volksstücks ableitet.[1] Bernhards Texte nehmen in der jüngeren Vergangenheit des Landes nicht umsonst eine zentrale Stellung ein und verdrängen damit das dramatisch Differenzierte. Wenn also die «imaginierten Kopftheatererlebnisse», so noch einmal Haider-Pregler, das Wirksame verbürgen, dann war Bernhard der Meister darin.[2]

Differenziertere, theoretischere Betrachtungen zur Art des Theaters Österreich und des Theaters an sich, mussten da ausgeblendet werden. Knapp vor der Zeit der größten Theater-Skandale Bernhards, die Österreich immerhin das Gefühl gaben, am Leben zu sein, formulierte es die spätere Nobelpreisträgerin Elfriede Jelinek in ihrem Text *Ich möchte seicht sein* 1983 grundsätzlicher: «Ich will nicht spielen und auch nicht anderen dabei zuschauen. Ich will auch nicht andere dazu bringen zu spielen. Leute sollen nicht etwas sagen und so tun, als ob sie lebten. Ich möchte nicht sehen, wie sich in Schauspielergesichtern eine falsche Einheit spiegelt: die des Lebens. […] Ja, sie treten an die Stelle der Personen, die sie darstellen sollen und werden zum Ornament, zu Darstellern von Darstellern, in endloser Kette, und das Ornament wird auf der

Bühne das Eigentliche. [...] Und ich sage: Weg mit ihnen! Sie sind nicht echt. Echt sind nur wir. Wir sind das meiste, das es gibt, wenn wir schlank und schick in unsren eleganten Theaterkleidern hängen. Richten wir die Blicke nur noch auf uns! Wir sind unsere eigenen Darsteller.»[3]

Wenn Österreich in seiner Kleinheit doch der Mittelpunkt der Welt ist und sich auch sein Verhältnis zu den Nachbarn aus diesem Mittelpunktgefühl erzählt, dann ist das Konzept vom Welttheater, wie es etwa in Salzburg formuliert wird, gut gewählt.

Gerade das kleine Österreich möchte, verständlicherweise, seinen Anspruch auf die Geschichte wahren. Der Bezug auf die einstige Größe vor 1918 ist dabei nicht immer hilfreich. Zu sehr hat Österreich eigene Leistungen übersehen – oder sich diese auch, nicht zuletzt von einer bundesdeutschen Wissenschaft, zu leicht vom Brot nehmen lassen. Zu sehr hat sich Österreich in der Größen-Sentimentalität selbst verklärt – und aus Problem- und Aufgabenstellungen ein Ideal geformt. Bestes Beispiel: der Mitteleuropa-Begriff.

«Österreicher bist du erst in Jesolo» schaut bewusst von Italien aus auf die Geschichte Österreichs, weil eine Neubewertung der Leistungen, Versäumnisse und Identitätskonstruktionen ansteht. Über den Umweg Oberitaliens ist auch ein treffenderes Bild der Aufklärung in Österreich möglich. Diese Neujustierung kann auch so manch deutscher Einschätzung zum «katholischen Süden» zu einer längst fälligen Genauigkeit verhelfen.

Eins. Im «schrägen Durchgang»: Österreich, Italien und die Verschiebung aller Grenzen

Als sich Ende der 1960er Jahre bereits gut eine halbe Million Österreicherinnen und Österreicher im Sommer an die italienischen Adria-Strände aufmachen, liegt das Gros der schwierigsten Kapitel des österreichisch-italienischen Verhältnisses hinter beiden Ländern. Museen und Monumente erinnerten daran, dass man sich gerade im Verlauf des Ersten Weltkriegs teils unerbittlich bis auf den höchsten Berggipfeln gegenübergestanden war. Die Lösung der heiklen Südtirolfrage war damals zwischen Österreich und Italien noch offen.

Als in den 1970er Jahren noch größere Massen nach Italien strömten und sich der breitere soziale Aufstieg auch im Urlaubsverhalten verfestigte, war im Umgang mit Südtirol durch das so genannte «Autonomiepaket II» eine tragfähigere Lösung für ein besseres Auskommen beider Staaten gefunden worden. Über den Brenner, vor allem aber über den in den Medien damals auch «schräger Durchgang» genannten Weg durch die Tunnelstrecken des Kanaltals, zog es die Urlaubshungrigen an die Strände der Adria von Grado bis hinunter nach Cattolica. In der Vor-Schengenzeit hat «das Urlaubsabenteuer» beim Schranken von Thörl-Maglarn, «erst richtig begonnen», wie der Sozialwissenschafter Wilhelm Berger das Reisegefühl von damals treffend beschrieb: «Die Bewohner des ‹schrägen Durchgangs› haben mit den Durchreisenden ein Geschäft gemacht, ehe die Autobahn sie wegkanalisierte.»[4] Den Mussolini-Wein konnte der Herr Karl auf seinem Weg in die Fremde jedenfalls schon in Tarvis erwerben. Gefragt waren damals für jede Form des Geschäfts das Schmiermittel der Völkerverständigung: und das hieß Devisen. Der Lire-Schein mit den von Jahr zu Jahr mehr werdenden Nullen ist auch Teil der Italienerfahrung, die sich in dieser Zeit verfestigte. So wie die Erinnerung an jene Händler, die hinter der Grenze nicht nur eine Uhr am Handgelenk trugen, sondern gleich zehn am ganzen Arm. «Den Herrn Karl», war Helmut Qualtinger im Rückblick auf die von ihm mitgeschaffene Figur sicher, sei nicht eine genuin österreichische, die «kann es überall geben. In Italien könnte er Carlo heißen. Zuerst war er Monarchist, danach sehr von Mussolini beeindruckt. Heute ist er glühender Vertreter der Republik.»[5]

Jetzt standen sie sich also neu gegenüber, die Italiener und die Österreicher, freudig angeregt durch die Geschäfts- oder Ferienerwartung.

Das Italien-Bild der Österreicherinnen und Österreicher wird schon seit Mitte der 1960er Jahre neu kalibriert. Auch im Bereich der Eliten kommt es auf der Seite Österreichs zur Revitalisierung vergessen geglaubter Sentimente. Mitteleuropa und der Habsburgermythos werden als Idee wiederbelebt und geistern im Schatten des Kalten Krieges durch ein Land, das sich mit der Moderne in Kunst und Literatur nach 1945 nur allmählich wieder anzufreunden beginnt, seine intellektuelle Arisierung nur sehr langsam überwindet und umso lieber solidere Fundamente der Identitätsfestigung herbeisehnt. 1963 veröffentlicht der junge Triestiner Germanist Claudio

Magris seine Doktorarbeit, die bereits 1966 beim Salzburger Otto-Müller-Verlag auf Deutsch unter dem Titel *Der habsburgische Mythos in der modernen österreichischen Literatur* erscheint (und noch mehrere Auflagen erleben wird). Mit Magris wagt ein Italiener an der sprachlichen Nahtstelle dreier Welten das, was der heimischen Germanistik bis dahin nicht gelungen war: Die Entwicklung der modernen österreichischen Literatur mit der Herrschaft der Habsburger zusammenzudenken, ohne dabei die ewige Erbschaft des Barocks zu bedienen, wie vor ihm ein Josef Nadler. Magris schlägt einen anderen großen Bogen und zieht Verbindungen zwischen der gerade in Oberitalien so wirksamen maria-theresianischen Zeit und der Moderne. Deutlich benennt er die ungeschriebenen, in allen Handlungen aber immer tatkräftig vollzogenen Gesetze der speziellen österreichischen Sendung und überwindet auch den kulturpessimistisch fundierten Blick auf Gründerzeit und Moderne, wie etwa der vor den Nationalsozialisten geflohene Hermann Broch. Der spezielle Charakter der moderneren österreichischen Literatur, so könnte man Magris zusammenfassen, entstehe aus einer als besonders gedachten, geradezu göttlichen Sendung in Verbindung mit der gehobenen Verwaltungsanstrengung der Habsburgermonarchie. Überspitzt könnte man die bereits in der Ersten Republik entstandenen und bei Magris breit besprochenen Texte eines Joseph Roth oder auch Robert Musils *Mann ohne Eigenschaften* im Sinne Magris' als Spitze des großen österreichischen Beamtenromans bezeichnen. Der Österreicher, er distinguiert sich gegenüber der Welt durch ein besonderes Verhältnis zur

Verwaltung, das geradezu naturhaft die Verbindung mit Land und Charakter der Menschen vorstellt. Denn im Grunde ist es auch die Frage der Verwaltung, die das Verhältnis zwischen italienischen Territorien und Österreich seit Ende des Spanischen Erbfolgekrieges bestimmt. Zuerst, im 18. Jahrhundert mit positiver Wirkung – und im 19. Jahrhundert schließlich unter dem Aspekt eines eben verständnislosen Zentralismus gegenüber den regierten Territorien, der das Kapital der vergangenen Leistungen verspielt. Auch das, könnte man sagen, steht im Subtext bei Roth und Musil.

Zur selben Zeit wie Magris veröffentlicht der österreichische Historiker Heinrich Benedikt, einst vor den Nazis nach England geflohen und nach dem Krieg wieder heimgekehrt, sein Buch *Kaiseradler über dem Apennin* (1964), das vielleicht weniger große Kreise gezogen hat als das Werk des Triestiners Magris.

Benedikt schaut differenziert auf die Leistung Habsburgs, ohne deren Herrschaft in Italien zu verklären. «Das gute Verhältnis der Mailänder zu den Österreichern, das bis zur Eroberung durch die Franzosen herrschte», ist sein bevorzugter Blickwinkel. Mailand mit seinen Habsburgerbauten stellt für Benedikt vor den Wirkungen der Französischen Revolution eine geradezu ‹typisch österreichische› Stadt dar. Die Verwaltungsreformen unter Maria Theresia, nicht zuletzt die Schaffung des neuen Katasters in Verbindung mit einer modernen Steuerpolitik, zelebriert Benedikt umfangreich als große kulturpolitische Importleistung in die Lombardei. Und auch aus italienischer Sicht wird das Erbe der Habsburger vor der Einigung Italiens durchaus würdigend gesehen. Der Genueser Paolo Emilio Taviani, Mitgründer der italienischen Democrazia Christiana und damaliger Staatssekretär in der italienischen Regierung, vertrat 1953 in einem Gespräch mit österreichischen Journalisten die bemerkenswerte These, dass der fundamentale Unterschied zwischen Nord- und Süditalien eigentlich mit dem Einfluss der Habsburger in Italien im Bereich der Verwaltung zu begründen sei: Hatte Österreich 1700 seine Ausdehnung bis an die Südspitze des ‹italienischen Stiefels› erlangt, so war die Herrschaft über Süditalien in Folge des sogenannten Polnischen Erbfolgekrieges (1733–1738) rasch wieder verloren gegangen. Die Verwaltungsleistungen der Habsburger, die etwa der Lombardei in der zweiten Hälfte des 18. Jahrhunderts allein beim Bevölkerungswachstum eine Steigerung von 50 Prozent gebracht hatte, diese ‹Segnungen› seien dem Süden des Landes, wie Taviani erinnerte, in der Folge nicht mehr zuteilgeworden.[6]

«Die österreichischen Staatsmänner sind Männer von Geist, und was ihnen mit der Strenge nicht gelang, versuchten sie mit Verführung», hielt der Franzose Stendhal noch 1829 über das Lombardo-Venezianische Königreich fest, in dem freilich längst der lange Arm des österreichischen Polizei- und Repressionsstaates zu spüren war.[7]

Die politischen und militärischen Verwicklungen der Österreicher auf italienischem Boden waren nicht nur von der im 19. Jahrhundert voranschreitenden Tragik und dem Verlust der letzten Territorien auf italienischem (und nicht nur italienischem) Boden geprägt. Als Italien bereits ein geeintes Königreich war und sich über den Dreibund wieder mit Österreich arrangiert hatte, blieb der Geist des Irredentismus, also die Zusammenführung aller italienischsprachigen Gebiete in einem Staat, aufrecht: Lieber wollte man aus italienischer Sicht eine Ausdehnung Österreichs auf dem Balkan in Abtausch mit den Gebieten Friaul-Julisch-Venetien, dem Trentino und Südtirol, und das, obwohl Südtirol ja nur schwer unter den Begriff der Irredenta fallen konnte. Besessen war man aber von der Idee, den Fuß auf dem Sattel des Brenners zu haben, so als gelte es, alte römische Imperiumsträume zu verwirklichen. Bis zum ‹Gran Campanaro›, also bis zum Großglockner, wollte man im Umkreis des Futuristen Filippo Tomaso Marinetti zur Zeit des Faschismus die Nordgrenze Italiens verlegt sehen.

Es gehört wohl zu den Grotesken des intensiven österreichisch-italienischen Verhältnisses, dass 1918/19, wie der Historiker Adam Wandruszka (einst großdeutsch und illegales SA-Mitglied, später dezidiert italophil) festhielt, «als besondere Kenner österreichischer und allgemein mitteleuropäischer Verhältnisse auf italienischer Seite Personen tätig waren, die vor kurzem noch selbst Untertanen der inzwischen zerfallenen Habsburgermonarchie waren».[8] Wenn Wandruszka erinnert, dass im späten Habsburgerreich auf italienischer Seite die Grenzen zwischen «Loyalität» und «Irredentismus» fließend gewesen seien, bleibt ja auch die Einsicht, dass die Grenzziehungen auf italienischem Boden in allen Phasen der Auseinandersetzungen des 18. und 19. Jahrhunderts oft von sehr kurzfristiger Natur waren.

Als in den 1740er Jahren Maria Theresias neuer starker Mann in Italien, Fürst Georg Christian von Lobkowitz, das damals mit Spanien kämpfende Herzogtum Modena unter seine Kontrolle gebracht hatte, wurde in Cattolica ein Mann aufgegriffen, der seine finanzielle Notlage regeln wollte: Es war der Dichter Carlo Goldoni, in den 1740er Jahren der bekannteste Schriftsteller Italiens. Bei Goldonis Vater, der Arzt war, wurden im Norden nicht zuletzt auch österreichische Offiziere laufend behandelt. Als Lobkowitz auf den berühmten Schriftsteller traf, der davor eigentlich als Gefangener in die Hände Österreichs gelangt war, wollte er aus Begeisterung rasch Kapital schlagen und bestellte bei seinem berühmten Gast, den er längere Zeit in Rimini festhalten ließ, den Text für eine Kantate zur Vermählung der Erzherzogin Marianne mit Karl von Lothringen. Für den klammen Dichter wurde die Zeit seiner Festsetzung zu einer der erfreulichsten seines Lebens. «Ich hatte Geld, nichts zu tun, und fühlte mich sehr glücklich», notiert Goldoni in seinem Tagebuch.[9]

Wer beim Namen Lobkowitz an das gleichnamige Palais in Wien denkt, darf die Assoziationsketten weiterspinnen. Die meisten der bekannten großen Barockpalais in der Donaumetropole sind mit Familien verbunden, die im Dienste der Italienpolitik Habsburgs standen, egal, ob Lobkowitz, Wilczek, Kaunitz oder Palffy. Entscheidend waren Vermittlerfiguren, die sich in Wiens Gassennamen ebenso verewigt haben, wie etwa der Trientiner Graf Karl Firmian, der von 1759 bis zu seinem Tod 1782 in der Lombardei an der Spitze der dortigen Verwaltung das Amt eines «Ministro Plenipotenziario» bekleidete. Firmians Lehrmeister war damals der ebenfalls aus dem Trient stammende Giambattista de Caspari, einer der entscheidenden Vermittler der Aufklärung zwischen deutsch- und italienischsprachigen Gebieten im Habsburgerreich. De Caspari wiederum war Vorfahre des für das österreichisch-italienische Verhältnis so wichtigen italienischen Politikers Alcide de Gasperi (bei dem sich die Schreibung des Nachnamens im Lauf der Zeit geändert hatte).

Für die kulturelle Elite Österreichs schlummerten die ‹Segnungen› der Vergangenheit in den 1970ern jedenfalls im Nordosten Italiens und in Istrien, also jenen Teilen, die das alte Österreich 1918/1919 als Letztes verloren hatte. Die aus der Emigration zurückgekehrte Autorin Hilde Spiel hatte zu Beginn der 1970er Jahre intensive Kontakte zwischen dem österreichischen Schriftstellerverband P.E.N. und den Kolleginnen und Kollegen aus Jugoslawiens geknüpft. Spiels Freundin, die Präsidentin des slowenischen P.E.N., Mira Mihelič, lud eine Reihe österreichischer Autorinnen und Autoren ein, die einst untergegangene Gemeinschaft von 1918 zu bereisen. So sah man in den 1970ern österreichische Intellektuelle mit Vorliebe an die einstigen Orte der k.u.k.-Monarchie pilgern. Von Opatia war es nur ein Sprung nach Triest und weiter nach Venedig.

1977 organisierte schließlich Claudio Magris ein Symposium für den Autor Thomas Bernhard. Ein Foto von damals zeigt Bernhard in Triest mit Entourage: seinem Verleger Siegfried Unseld vom Suhrkamp-Verlag, seiner bürgerlichen Mentorin Hedwig Stavianicek und Hilde Spiel. Neben dem Ruhm

Bernhards in Italien beflügeln ähnliche Austauschformate die Mitteleuropa-Idee und verdeutlichen nicht zuletzt deren sehr nostalgisch-paternalistische Ausprägung. «Der Mitteleuropa-Diskurs», so Magris 30 Jahre nach dem Erscheinen seiner vielbeachteten Doktorarbeit, «erzeugt oft einen Kurzschluss zwischen einer künstlichen Verherrlichung und einer ebenso künstlichen Verunglimpfung, beide erstickend in ihrem Wiederholungszwang». Mitteleuropa sei eine «Allroundmetapher» geworden, «die alles und sein Gegenteil bedeuten konnte».[10] Denn während man auf der einen Seite den Untergang der Monarchie im Golf von Triest beweinte, vergaß man etwa in den späten 1970ern im Umgang mit den Dissidenten in Tschechien, dass man im Norden des österreichischen Kleinstaates auch ein historisches Sendungsbewusstsein auszuleben gehabt hätte. So aber zeigte sich: Über Österreichs Glanz dachte man lieber im Schatten von Miramare nach – und übersah im ‹Wien am Meer› gerne die italienischen Bauten in der Gründerzeitordnung, der man hinterher war. Die ‹italienischen› Bauten in Triest, das sind nicht zuletzt die Monumente des Faschismus, der in seiner Geschichte eine lange Wurzel im Widerstand gegen das deutschsprachige Habsburg hatte und an dessen Zielformulierung maßgeblich Künstler beteiligt waren.[11] Für den österreichischen Blick gerade auf Triest blieb das Motiv des Verlusts prägend. «Österreich hatte», so Wandruszka, «den Zugang zur Adria, zum Mittelmeer und zum ‹sonnigen Süden› verloren, und dieser Verlust hatte wesentliche wirtschaftliche und fast noch mehr psychologische Folgen».[12]

Diesen Verlust galt es ab den 1970ern durch die intensivierte Kontaktnahme mit der Oberen Adria irgendwie zu kompensieren. Und auch wenn das Gros der Menschen nicht von historischer Nostalgie angetrieben nach Italien fuhr, so blieb doch ein Rest von der einstigen Verbindung. Dachte man, dass das alles einmal Österreich war, so dachte man zugleich in dem ‹anderen› und irgendwie ‹eigenen› Land Italien ein Stück weit auch über sich selbst nach.

In Italien, so hatte es den Anschein, waren die Österreicherinnen und Österreicher auch empfänglicher, sich mit den Fragen in ihrer eigenen Heimat aus einer liebevolleren Distanz zu beschäftigen. Von Grado bis hinunter nach Cesenatico konnte man sich eigentlich versichern, dass man es doch gut hatte in der Heimat, ja sich eben diesen Urlaub zu leisten vermochte. Der Landesparteiobmann der steirischen SPÖ, Adalbert Sebastian, einst jüngster Abgeordneter im Steiermärkischen Landtag, veranstaltete im Sommer 1974 zwischen Caorle und Jesolo eine Reihe von «Steirer Abenden», um, wie er im ORF-Fernsehinterview bei einem Lokalaugenschein an der Oberen Adria kundtat, mit den Menschen «in entspannter Atmosphäre» ins Gespräch zu kommen. «Achtung Steirer: Steirer Abend», versprachen Plakate, die in Italien das Heimweh ans Zuhause bedienen sollten mit Einlagen wie dem «Steirermänner Chor» oder Acts wie «Meister Locardi». Hier, in Caorle oder Jesolo, «den Vororten der Steiermark», wie der Politiker sagte, würde man gewiss auch einige Wechselwähler für den späteren Landtagswahlkampf antreffen können. Am Strand, so bot er bei den «Steirer Abenden» an, könne man mit ihm in «Kontaktgespräche» treten. Denn, so der Politiker: «Hier am Strand weiß man nicht, wie die Menschen politisch gebunden sind.» Ob Sebastian damals mehr als Gemeinplätze abschöpfen konnte, lässt der Fernsehbeitrag nicht mehr erahnen. «Gefällt's Ihnen, werden's weiter da runter fahr'n?», fragt er am Wasser eine Urlauberin aus Gratwein. «Ja, vielleicht, wann's geht, schon», verrät ihm die Frau im Badeanzug, der der Politiker hemdsärmelig wie der Vertreter des lokalen Tourismusverbandes entgegentritt. «San Sie auch ein Donawitzer?», fragt er einen anderen Gast. «Na, a Leobner», lautet die entscheidende Binnendifferenz auch hier am Adriastrand.

Wer durch das Kanaltal über den «schrägen Durchgang» nach Italien fuhr, bereiste zwar eine historisch wichtige Durchgangsstrecke mit den geringsten Höhenmetern zwischen den Alpen und der italienischen Tiefebene. Ging es über Caorle hinaus, musste irgendwann auch der Fluss Piave überquert werden, der heute in Italien als Teil des nationalen Erbes geführt wird.

Der Piave, der, wie große Brückenübergänge erinnern, «Fiume Sacro alla Patria», wird gerne zum unüberwindbaren Grenzzieher stilisiert. So heißt es in der kurzzeitigen Hymne Italiens, dem nationalpatriotischen «Piave-Lied» («La leggenda del Piave»), das für österreichische Ohren alles andere als einladend ist:

«S'udiva intanto dalle amate sponde
Sommesso e lieve il tripudiar dell'onde

Era un presagio dolce e lusinghiero
Il Piave mormorò: ‹Non passa lo straniero›.»

«Man hörte derweil von den geliebten Ufern
Den Jubel der Wellen, gedämpft und leicht.
Es war eine Vorahnung, süß und verheißungsvoll:
Der Piave murmelte: Der Fremde kommt hier nicht durch!»

Wer heute im Hinterland zum Österreicher-Strand, der «Terraferma» Venedigs, unterwegs ist, wird selten noch daran denken wollen, dass sich hier einst die erbittertsten Kämpfe zwischen Österreich und Italien abgespielt hatten. Der Unterlauf des Piave bildete ab November 1917 die neue Frontlinie nach der Zwölften Isonzoschlacht. Ein Versuch der k. u. k.-Streitkräfte ab 15. Juni 1918, die italienische Front mit einer neuen Offensive zu durchbrechen, scheiterte unter schweren Verlusten. Der Großangriff der Alliierten im Piave-Gebiet am 24. Oktober 1918 führte zum Zusammenbruch der Südwestfront und schließlich zum Waffenstillstand in der Villa Giusti.

Bevor das militärische Schicksal des Ersten Weltkriegs besiegelt war, wollte einer für das kämpfende Italien aber einen großen Propaganda-Coup landen. Bereits 1917 hatte der Dichter Gabriele D'Annunzio die Erlaubnis für eine Propaganda-Aktion gegen das Habsburgerreich aus der Luft beantragt, aber nicht genehmigt bekommen. Am 9. August 1918 konnte der «Volo su Vienna», der auch als «folle volo», als verrückter Flug, in die Geschichte eingegangen war, gegen viele

Widrigkeiten vom Flugplatz San Pelagio südlich von Padua gestartet werden. D'Annunzio saß als Mitflieger im einzigen Doppelsitzer dieser Aktion, die maßgeblich vom italienischen *Corierre della Sera*-Journalisten Ugo Ojetti getragen worden war. Wer freilich heute noch im privaten Flugzeugmuseum von San Pelagio die Installationen über die Abwicklung des Fluges sieht, hält diese Aktion für eine beinahe ausschließlich von D'Annunzio geleitete Heldentat.

Tatsächlich war es einem Kern der Staffel gelungen, bis über die Wiener Innenstadt zu fliegen und über dem Stephansdom zehntausende Flugblätter für die Entente und für die Freiheit Italiens abzuwerfen. Ein wenig wurde die Aktion zu einem Dichterwettbewerb aus der Luft. D'Annunzio hatte Flugblätter mit einem rein italienischen Text vorbereitet. Dessen Botschaft las sich so:

«Das Drohen der Schwinge des jungen italienischen Adlers gleicht nicht der finsteren Bronze im morgendlichen Licht. Die unbekümmerte Kühnheit wirft über Sankt Stephan und dem Graben das unwiderstehliche Wort ab: Viva l'Italia!»

Ojetti hatte Vorkehrungen getroffen, eine Übersetzung seines Propagandatextes mitzuliefern. Der Text war prosaischer, aber auch verständlicher als der des Ästheten D'Annunzio:

«WIENER! Lernt die Italiener kennen. Wenn wir wollten, wir könnten ganze Tonnen von Bomben auf euere [sic] Stadt hinabwerfen, aber wir senden euch nur einen Gruss [sic] der Trikolore, der Trikolore der Freiheit. Wir Italiener führen den Krieg nicht mit den Bürgern, Kindern, Greisen und Frauen. Wir führen den Krieg mit euerer [sic] Regierung, dem Feinde der nationalen Freiheit, mit euerer [sic] blinden, starrköpfigen und grausamen Regierung, die euch weder Brot noch Frieden zu geben vermag und euch nur mit Hass und trügerischen Hoffnungen füttert. [...] Wollt ihr den Krieg fortführen? Tut es, wenn ihr Selbstmord begehen wollt. Was hofft ihr? Den Entscheidungssieg, den euch die preußischen Generale [sic] versprochen haben? Ihr Entscheidungssieg ist wie das Brot aus der Ukraina [sic]: Man erwartet es und stirbt bevor es ankommt.»

Der Flug erwies sich für Italien und vor allem für D'Annunzio, der die Aktion danach wortreich ausschmückte, als genau der erhoffte Propagandaerfolg. Internationale Medien griffen das Ereignis auf. In Wien blieb die Erkenntnis der viel zu langsamen Reaktion. Die Nachricht von der Überquerung des österreichischen Luftraums durch eine italienische Staffel aus Kärnten war viel zu spät bei der Jagdstaffel auf dem Flugfeld Wiener Neustadt eingetroffen; und die auf dem Rosenhügel stationierte Fliegerabwehr hatte die Objekte im Himmel zu spät als Flugzeuge der Italiener identifiziert. «Und unsere D'Annunzios, wo sind sie?», fragte die *Arbeiter Zeitung* am 10. August 1918 und spielte damit nicht zuletzt auf die zahlreichen kriegstreiberischen Kommentare österreichischer Schriftsteller an, die ihren Ankündigungen aber oft auch keine Taten hätten folgen lassen. «D'Annunzio, von dem wir glaubten, er sei ein Mann voller Anmaßung, der bezahlte Redner für Kriegspropaganda im großen Stil, hat sich als Mann erwiesen», der seiner Aufgabe gewachsen gewesen sei.[13] Bekanntlich wird D'Annunzio durch die Besetzung der Stadt Fiume im September 1919 mit 2.500 desertierten Soldaten sogar in die Friedensverhandlungen von Paris eingreifen.

Die Erschütterungen durch den Ersten Weltkrieg, aber auch die kurzen revolutionären Ereignisse im Herbst 1918, werden massive Auswirkungen auf das Mindset eines der größten Bewunderer D'Annunzios haben. Hatte der spätadoleszente Hugo von Hofmannsthal noch D'Annunzio als Engel der Moderne apostrophiert, so wird er schrittweise ab 1918 auf den Weg nationaler Identitätsbildung einbiegen, also parallel mit D'Annunzio die Widersprüchlichkeit der Moderne abstreifen, um den Charakter des kollektiv Eigenen zu forcieren und mit Metaphern der Zugehörigkeit zu überhöhen.

«Schade um den schönen Krieg, schade um das Schlaraffenland», schreibt Hofmannsthal sarkastisch im November 1918, zu einer Zeit, da er in seiner Stadtrandlage Angst hatte, von der umgehenden Revolution erfasst und seiner bürgerlichen Existenz beraubt zu werden.[14] «Papa trägt seine Manuskripte in der Hand, alles in allem sah es eher komisch aus, und ich glaube, die Rodauner haben uns ausgelacht», hält Hofmannsthals Tochter Christiane zur Flucht aus Rodaun in die als sicher geltende Wiener Innenstadt fest.[15]

«Hübsche Möbel und überfeine Nerven», so hatte es Hofmannsthal bereits 1894 in seinem zweiten Aufsatz über Gabriele D'Annunzio festgehalten, hatte man aus der Zeit des Ästhetizismus mitbekommen und sich an Charakteren wie Autoren berauscht, die man als «hellsichtig bis zum Delirium» erachtete. Ein «exklusives ‹Wir› einer gemeinsamen europäischen Moderne» würde Hofmannsthal in seinen ganz frühen Texten formulieren, hält seine Biografin Elsbeth Dangel-Pelloquin fest. «Hochmütig und vorausschauend» habe er mit «einer späteren Kanonisierung durch die Literaturgeschichte» gerechnet.[16] Doch der Bund mit jenen «zwei bis drei Tausend Leuten», die nach den Vorstellungen Hofmannsthals damals «in einer geistigen Freimaurerei» verknüpft gewesen sei, dieser Bund war nach dem Krieg weitergezogen und hatte sich mit schweren Folgen von der Moderne abgewandt.[17]

«Was vor 1914 lag und was dann folgte, das sah einander gar nicht ähnlich, spielte nur nominell auf der selben Erdoberfläche», hatte der Schriftsteller Max Brod treffend formuliert.[18] Die Moderne war gerade in der schreibenden Disziplin bei vielen, wie Bernhard Weyergraf in seinen sozialgeschichtlichen Studien zur Literaturgeschichte festgehalten hatte, zunehmend «als Bedrohung empfunden» worden. «Der Dichter griff nach der Politik, aber mehr ergriff die Politik den Dichter», so Weyergrafs Befund zur Verunsicherung des schriftstellerischen Selbstverständnisses am Beginn einer Epoche, die leider treffend die Zwischenkriegszeit genannt wird.[19]

So sind es für Italien wie Österreich gerade die Boten der Moderne vor 1900, die in den 1920er Jahren die Anführer einer reaktiven Identitätspolitik werden. D'Annunzio darf sich als eigentlicher Mentor Mussolinis inszenieren und die weitere Entwicklung Italiens im Faschismus von seinem Phantasiepark, dem Vittoriale am Gardasee, mitkommentieren. Hofmannsthal wiederum spielt eine entscheidende Rolle für die Fundierung eines neuen Österreich-Bewusstseins, das sich einerseits in der Etablierung der Salzburger Festspiele manifestieren sollte. Andererseits führt Hofmannsthal genau den österreichischen Sendungsbegriff in das 20. Jahrhundert über, prägt 1927 das Schlagwort von der ‹konservativen Revolution› und fürchtet sich dabei nicht, an die völkisch orientierte Kulturforschung eines Josef Nadler anzustreifen. Hofmannsthal sollte das Umschlagen in die Diktatur des Ständestaates nicht mehr miterleben. Wie sehr er an manchem Fundament mitgebaut hat, vergisst nur, wer den historischen Blick rasch mit dem Slogan vom «europäischen Friedensprojekt» der Salzburger Festspiele kontert. 1893 hatte Hofmannsthal noch in der *Frankfurter Zeitung* beim Porträt des Dichters Gabriele D'Annunzio die Moderne beschworen. Und der Begriff der Moderne war in Wien vor 1900 jedenfalls deutlich radikaler als das, was D'Annunzio und Hofmannsthal am Ende eines großen Krieges vertreten hatten. Der Bewusstseinsstrom in der Perspektivierung der Welt war dem Strom der Weltereignisse gewichen. Diese wollten ab 1920 manche deutlich identitätszentrierter ordnen.

Tausende Flugblätter werden beim Propagandaflug von Gabriele D'Annunzio und der italienischen Staffel 1918 über Wien abgeworfen.

Zwei. Verstellte Selbstbilder: Ein anderes Erbe der Aufklärung

‹Österreich hatte halt keine Aufklärung› – diesen Gemeinplatz hört man gerne in bessergebildeten Kreisen in Österreich, etwa wenn sie auf Defizite in der Öffentlichkeitsbildung hinweisen möchten; oder auch auf einen als mangelhaft empfundenen Ideenwettstreit im Land. Der Begriff von der ‹Aufklärung von oben› überzeugt in diesen Momenten ebenso wenig. Und auch in österreichischen kulturwissenschaftlichen Fächern zog die bundesdeutsche Betrachtungsweise auf das 18. Jahrhundert nur zu leicht ein, so als wollte die Forschung ein in der Öffentlichkeit zirkulierendes Geschichtsbild über die Zeit Maria Theresias und Josephs II. durch den deutschen Blick überformen. In der breiten Öffentlichkeit dominiert nach wie vor eine Betrachtung der letzten zweihundert Jahre der Habsburgermonarchie, in der die Geschichtsentwicklung immer mit der herausragenden Betonung von Personen gekoppelt ist. Biografismus und allgemeine Geschichte dürfen da in der Aufarbeitung wild durcheinandergeworfen werden und es ist eigentlich immer dieselbe handverlesene Schar an Personal, an dem sich das öffentliche Bewusstsein delektiert: Maria Theresia, Joseph II., Kaiser Franz Joseph und seine Frau Elisabeth. Diese Persönlichkeiten sollen eine als sinnhaft gedachte historische Entwicklung abbilden, die über alle Verwerfungen der Zeit hinüber gekommen wären. Das Bild eines Franz I. ist in einer breiten Öffentlichkeit so gut wie inexistent, Figuren wie Metternich werden bestenfalls eindimensional gesehen. Und würde man meinen, dass die Metternich-Ablehnung schließlich in einem positiven Bild gegenüber der bürgerlichen Revolution 1848 mündete, wird man mit dem allseits akklamierten «Radetzky-Marsch» eines Besseren belehrt. Das breite Geschichtsbild, es fällt in Österreich immer noch auf das Beet der Restauration.

Dass Österreich von seiner eigenen Aufklärung ein unter- oder schräg belichtetes Bild hat, beginnt sich in der Forschung zu ändern, man denke neben anderen an die jüngeren großen Arbeiten eines Franz Leander Fillafer (*Aufklärung habsburgisch*, 2020) oder Norbert Christian Wolf (*Glanz und Elend der Aufklärung in Wien*, 2023). Noch hat die Blickveränderung aber keine öffentliche Breitenwirkung erlangt. Öffentlich übermächtig erscheint immer noch das Barock als Ordnungsfolie in der Ableitung des Österreichischen per se. Das war schon in der Zwischenkriegszeit so. Auch nach 1945, ausgerechnet in den Österreich-Idealisierungen des Kommunisten Ernst Fischer. Doch auch so wirkungsmächtige Bücher aus den 1980ern wie Carl E. Schorskes *Wien um 1900* (samt Beitrag des Autors im Katalog zur größten österreichischen Kulturausstellung «Traum und Wirklichkeit» 1985/86) baden noch tief im Barock-Klischee: Den Zug zur Introspektion und zur Psychoanalyse um 1900 begründet Schorske mit nicht weniger als mit dem künstlerischen Menschen, der sich in Wien um 1900 in einer neuen Generation festgesetzt habe. Diese neue Generation überwinde die Wertekultur des gewinnorientierten bürgerlichen Liberalismus der Väter und docke letztlich bei einem Begriff des Künstlers aus dem Barock an. Mit der Stilisierung eines Künstlerbegriffs aus dem Barock fällt der berühmte US-Forscher vollends in die Hofmannsthal-Falle der 1920er Jahre, als die Vorzüglichkeit Österreichs aus eben der geistigen Verbindung mit einem barocken Weltkulturbegriff abgeleitet wurde.

Würde man den Geist des Barocks und den Übergang zum Klassizismus tatsächlich historisch genauer betrachten (wie dies schon in der Vergangenheit passierte, aber vergessen wurde) und mit in die eigene Geschichtsbildung übernehmen, dann ergäbe sich die Chance für ein neues, zur deutschen Forschung auch konträr stehendes Bild der Potenziale der österreichischen Geistesentwicklung und Aufklärung im 18. Jahrhundert. Ohnedies, so hat Fillafer in seinem Buch erinnert, sei die Aufklärung «kein einförmiges Ganzes» gewesen. Dazu, so der Autor, «wurde sie erst durch die rückwirkende geschichtspolitische Zurichtung in der Revolutionsära».[20] Fillafer möchte seine Betrachtung der Aufklärung aus der Geiselhaft des Modernisierungszwanges befreien, womit «Zentraleuropa nicht mehr als defizitäre Region [erschiene], deren Intelligenz dazu verurteilt war, Frankreich und England nachzuahmen».[21] Blickt man freilich auf den Austausch zwischen Österreich und Italien in der Zeit der vielgestaltigen Aufklärung und besonders auf deren Trägerinnen und Träger, dann müsste nicht einmal die Antimodernismus-These geritten werden, um die Vielfalt der Aufklärung und nicht zuletzt ihre Leistungen im zentraleuropäischen Raum oder im katholischen Teil des Reiches zu rehabilitieren. Die Befundung des dichten Austauschsystems gerade mit Italien in vielen Bereichen von der Kunst bis zur Verwaltung würde das Tableau der Betrachtung massiv bereichern. Auch die intensiven Kulturkontakte mit dem rivalisierenden Spanien, die sich in der Etablierung zahlreicher Schulen niedergeschlagen haben, kämen dabei in Betracht. Österreich war mit anderen Aufgaben im Bereich der Governance befasst als protestantische deutsche Kleinstaaten.

«Obwohl die katholischen Territorien des Reiches politisch rückständig geblieben waren, da ihnen eine straffe Verwaltung fehlte, und viele Kleriker als Drohnen durchgeschleppt wurden, und obwohl sie ebenfalls ökonomische, wissenschaftliche und häufig – mit der Ausnahme ihrer bestechenden Architektur – kulturelle Rückständigkeit prägte», schreibt der Historiker Ulrich Wehler im ersten Band seiner großen *Deutschen Gesellschaftsgeschichte*, «drang die Aufklärung auch in dies verkrustete Gehäuse ein».[22] In diesen Einschätzungen scheint Wehler schon sehr den Entwicklungen des 19. Jahrhunderts verpflichtet, und seine Schlussfolgerung zu protestantischen und katholischen Geisteswelten entsprechen mehr der Hegelschen Geschichtsidealisierung als den Fakten des 18. Jahrhunderts. Im protestantischen Deutschland war sich Hegel in seinen *Vorlesungen zur Philosophie der Geschichte* sicher, «war die Aufklärung auf Seiten der Theologie», denn durch die protestantische Kirche sei «die Versöhnung der Religion mit dem Recht zustande gekommen».[23] In Österreich, «dem Aggregat von Staatsorganisationen», seien «die hauptsächlichsten seiner Länder [...] unberührt von den

Ideen» geblieben: «Weder durch Bildung noch durch Religion gehoben, sind teils die Untertanen in der Leibeigenschaft und die Großen deprimiert geblieben, wie in Böhmen, teils hat sich, bei demselben Zustand der Untertanen, die Freiheit der Barone für ihre Gewaltherrschaft behauptet, wie in Ungarn.»[24] Die romanischen Länder haben für Hegel «die Abstraktion des Liberalismus» durchlaufen, wären aber durch «religiöse Knechtschaft an politische Unfreiheit angeschmiedet» worden. Das an sich selbst laborierende deutsche Kleinstaatentum ist bei Wehler wie bei Hegel schon befreit von der, wie es Hegel nennt, «Lüge des Reichs» hin zu «souveränen Nationalstaaten», in denen Antifeudalismus, modernes Recht und bürgerliche Verwaltung in großer Symbiose zusammengefunden hätten – allein, mit der politischen Landkarte der Aufklärung hat das weniger zu tun als mit dem Geist des protestantischen Idealismus der 1830er Jahre.[25]

Der Wiener Germanist Norbert Christian Wolf hat jüngst in der zuvor erwähnten großen Studie zur Aufklärung in Österreich darauf hingewiesen, dass «die Möglichkeit, katholische Aufklärung in den habsburgischen Territorien als einen von spezifischen Voraussetzungen geprägten Prozess kultureller Modernisierung» zu betrachten, bisher durch die Dominanz der bundesdeutschen Sicht komplett ausgeblieben sei. Auch, so Wolf, habe man nie das Potenzial genutzt, die Entwicklungen im katholischen Süden «geradezu als Gegenentwurf zum protestantischen Modell» zu deuten.[26] Forscherinnen und Forscher, die sich mit den historischen, politischen und kulturellen Verbindungen zwischen Österreich und Italien im

18. und dann auch 19. Jahrhundert auseinandergesetzt haben, konnten schon seit längerem ein deutlich differenzierteres Bild, gerade hinsichtlich des Kultur- und Wissenstransfers im Schatten der Französischen Revolution entwickeln. An Weltbürgern im Goetheschen Sinn mangelte es dabei gewiss nicht. Auch nicht an Reformbewegungen und -bemühungen, man denke etwa an die Veränderungen im Verwaltungsbereich, die ja nicht nur in den deutschsprachigen Territorien zu Zeiten Maria Theresias oder Joseph II. wirksam wurden, sondern auch in Teilen Oberitaliens oder der Toskana durchschlugen. Freilich ist die Art der Aneignung und Aufnahme des aufklärerischen Gedankenguts im katholischen Süden eine gänzlich andere als im protestantischen Norden – und zeitigte, wie man zeigen kann, andere Wirkungen auf den identitätsbildenden Prozess als etwa Entwicklungen im Norden. Ohnedies, so scheint es, werden die Leistungen der protestantischen Aufklärung ganz im Sinn der protestantischen Leistungsethik eines Max Weber idealisiert.

Die Ausformung der Aufklärung in Österreich ist zweifelsohne speziell, waren doch jene philosophischen Schriften, die man als Treibstoff für die Französische Revolution ansehen mag, in Österreich durch die rigide Zensur gar nicht greifbar. Die Aufklärung kam zunächst beim Adel und bei den Staatsdienern an. Und sie kam verspätet an, wie seit Langem durch die Forschung belegt ist. Interessant ist die Parallele bei der Ankunft der Aufklärung in Wien und Mailand. Das Gefühl der Unterlegenheit durch die verspätete Aufnahme der in Frankreich entstandenen Ideen, habe man, wie bereits der italienische Aufklärungsexperte Franco Venturi zeigen konnte, durch die Etablierung aufklärerischer Ideen im Bereich der staatlichen Verwaltung kompensiert. Kaum, so Venturi, dem italienischen Biografen von Denis Diderot, hätte man sich einen Diderot oder d'Alembert im gehobenen Staatsdienst vorstellen können. In Italien und Österreich waren die Ideen aus Frankreich aber genau an der Spitze der Verwaltung angekommen.[27] Die Geschichte Italiens im ausgehenden 18. Jahrhundert, so erinnert auch der Historiker Gabriele B. Clemens in seiner Arbeit über Italiens Weg in die Moderne, sei von staatlichen Reformen gekennzeichnet gewesen, «an denen sich die europaweit berühmten italienischen Aufklärer beteiligten, anders als die gleichzeitig publizierenden französischen Aufklärungsphilosophen, die immer eine Staatsferne charakterisiert» habe. In vielen italienischen Regionen kam es damals zu einer Reihe antifeudaler Maßnahmen, Reformen im Finanz- und Justizwesen und mit Ausnahme des Vatikans auch zu einer Reihe an Säkularisierungsschritten. Staatstheoretische Grundlage waren dabei die Naturrechtsdiskussionen und die Idee eines Herrschaftsvertrages, der das Verhältnis zu den Untertanen leiten sollte. Diderots und d'Alemberts *Encyclopédie*, so erinnert Clemens, sei auch in Livorno gedruckt worden – mit einer Widmung an den habsburgischen Großherzog der Toskana. Damals, so Clemens weiter, sei aber «eine charakteristische Trennlinie» verlaufen «zwischen den Staaten, die systematisch die besten Köpfe der Aufklärung an den Reformen beteiligten (Lombardei, Toskana, Neapel-Sizilien, Parma-Piancenza und Modena) und jenen, die lediglich auf verwaltungstechnische Reformen setzten (Piemont, der Vatikan und die Seerepublik Genua)».[28]

Die von Clemens charakterisierten «besten Köpfe» standen freilich in einem intensiven internationalen Austauschverhältnis – hinauf bis nach Frankreich ebenso wie bis nach Wien. Allen voran sticht hier die Gestalt von Cesare Beccaria, dem Schöpfer des modernen Strafrechts, heraus. Die Mailänder Denker-Gruppe um Beccaria hatte ja auch Voltaire als «École de Milan» beschrieben. Bis an den Hof von Zarin Katharina, unter maßgeblicher Mitwerbung durch d'Alembert, strahlte der Ruf Beccarias, der in seinen Interessen zwischen Mathematik, Rechtswissenschaften und Nationalökonomie oszillierte. Um Beccarias Abgang aus Mailand zu verhindern, bekam er einen Lehrstuhl für Kameralistik, also Nationalökonomie, eingerichtet. Eigentum bezeichnete Beccaria, wie Heinrich Benedikt erinnert, als «schreckliches, vielleicht gar nicht notwendiges Übel».[29]

Die Förderer dieses Mannes seitens des Wiener Hofes hießen damals Kaunitz, Sperges und Firmian. Joseph von Sperges war einer der österreichischen Diplomaten, die durch ihren Beitrag zur Verwaltungsreform in der Lombardei mit den Grundstein für eine Entwicklung der Gesellschaft legten, die freier und offener wurde – und die diese Freiheit im 19. Jahrhundert auch gegen die einstige Mentorenstruktur richten wird. Vielleicht hatte Hegel genau das gemeint, als er von der Aufnahme des Liberalismus bei gleichzeitiger Last der Unfreiheit sprach. «Der Wohlstand von Mailand mit seinem unter österreichischer Verwaltung blühendem Handel und Gewerbe», erinnert der Historiker Benedikt, «bot den fruchtbaren Boden für ein reges Geistesleben und machte es zum Zentrum der philosophischen und reformatorischen Strömung Italiens.»[30]

Nach der Aufhebung der geistlichen Bücherzensur 1768 notiert der Schriftsteller Alessandro Verri: «In keiner Stadt Italiens, ja nicht einmal in Frankreich, herrscht jetzt in Bezug auf die Presse eine solche Freiheit wie bei uns.»[31] Verri wird mit seinem Bruder, dem Ökonomen Pietro Verri, zwischen 1764 und 1766 die für die Aufklärung in Italien wohl wichtigste Zeitschrift *Il Caffè* veröffentlichen, die nach den großen englischen Vorbildern wie *Tattler* oder *Spectator* philosophische Grundsatzabhandlungen, allen voran von Beccaria, brachte. Die Lombardei war zu diesem Zeitpunkt im Bild der Öffentlichkeit sicher entwickelter als die Reichshauptstadt Wien.

Die praktische Anwendung und Umsetzung der neuen Ideen im Bereich der staatlichen Verwaltung hält auch Adam Wandruszka für das prägende, gemeinsame Charakteristikum der Aufklärung in Italien und Österreich: «Das [...] Gefühl der Unterlegenheit kompensierten die Italiener und Österreicher dann bald durch das stolze Bewusstsein, in der praktischen Anwendung und Durchführung der neuen Ideen die französischen Lehrmeister innerhalb kurzer Zeit überholt zu haben und die geringere geistige Originalität und europäische Resonanz durch größere praktische Erfahrung und Wirksamkeit im eigenen staatlichen Bereich mehr als auszugleichen.»[32] Deutlich wird damit auch, dass die (in der Forschung mittlerweile ohnedies zerpflückte) These von Jürgen Habermas in seinem

Strukturwandel der Öffentlichkeit, wonach in der bürgerlichen Privatheit die später öffentlich und politisch relevant werdenden Praktiken eingeübt würden, für den katholischen Süden nicht zu halten ist. Was die Aufklärung in Österreich in spezifischer Form prägte, ist eben, wie der Historiker Karl Vocelka treffend erinnert, «dass sich das Bürgertum in der Habsburgermonarchie weniger auf dem Gebiet der Wirtschaft und damit der klassischen Bourgeoisie herausbildete, sondern weitgehend auf den Beamten beruhte».[33]

Für die österreichische Aufklärung hat es ein ‹Oben› und ein ‹Unten› gegeben. Die Steuerung und Etablierung der neuen Ideen im Sinne des Josephinismus markieren das Oben. Die Auswirkungen der Schulreform und die Herstellung einer Lesefähigkeit, die ein Publikum gebildet hat, aber keine Öffentlichkeit mit Geschmack, sind das Unten dieser Entwicklung. Am besten ist diese Entwicklung an der so genannten Wiener «Broschürenflut» der 1780er Jahre abzulesen, die wie ein Vorgriff auf die Boulevardlandschaft der heimischen Medienentwicklung ab den 1950er Jahren wirkt. Der Bezug zur staatlichen Öffentlichkeit, so auch der Germanist und Buchgeschichtsexperte Franz M. Eybl, sei ein wesentliches Unterscheidungskriterium der österreichischen Aufklärung und ihrer Literatur im Vergleich zu anderen Ländern. Dies, so Eybl, hatte sowohl ästhetische Folgen, also für die Art der zirkulierenden Literatur, als auch funktionale Aspekte, etwa die Stellung von Autoren in dieser speziellen Form der Öffentlichkeit. Eybl rät, die konkreten Auswirkungen von Veränderungen länger in den Blick zu nehmen, würden doch in der Analyse «die Vorstöße der Vorhut» stets «mit Wohlgefallen» aufgenommen, während der langsame «Marsch des Haupttrosses», aber auch die «Nachhut», gerne aus den Augen verloren gingen.[34] Nicht der Höhenkamm der Literatur, sondern die Breite der Entwicklung ist für die Situation in Österreich interessant. Denn wenn die Aufklärung in Österreich zuerst bei Adel oder Staatsdienern angekommen war, so ist die Verbreiterung der Öffentlichkeitsbildung durch die vorangegangene Schulreform und die Zurückdrängung des Analphabetismus unter Maria Theresia und Joseph II. *das* entscheidende Charakteristikum im süddeutschen Sprachraum. «Das Publikum in Wien», erinnert die Lehrerin von Hugo Portisch, Marianne Lunzer, an die damalige Situation, «verlangte nicht nach poetischen Werken, sondern nach Aktualität».[35] Entscheidendes Medium für die Bedienung des neu gebildeten, lesefähigen Publikums war die so genannte ‹josephinische Broschüre›. Diese Medienform spielt am Vorabend der Französischen Revolution die entscheidende Rolle für die Herausbildung einer aufgeklärten, kritisch-rationalen Öffentlichkeit und sollte naturgemäß von den Autoritäten bald gefürchtet werden. Auch hier wird eine Parallele zur späteren österreichischen Boulevard-Landschaft deutlich: ein Ja zum Boulevard, solange er zentral politisch steuerbar bleibt.

Eigentlich handelt es sich beim Begriff «Broschürenflut» um einen abwertenden Begriff für die große Menge an Druckschriften, die in Wien im Zuge der 1781 erfolgten Lockerung der Zensur unter Joseph II. von Februar 1781 bis 1792/1795 (als man die Zensur im Schatten der Revolution verschärfte) erschienen waren. Friedrich Schillings *Über die Begräbnisse in Wien* (1781) und Joseph Maria Weissegger von Weißenecks *Beyträge zur Schilderung Wiens* (1781) gelten als bekannte Werke am Auftakt dieser Broschürenflut. Berühmt in diesem Kontext ist auch Joseph Valentin Eybels *Was ist der Pabst?* (1782), eine kirchenkritische Schrift. Besonders erfolgreich war der Text von Johann Rautenstrauch *Ueber die Stubenmädchen in Wien*, der eine Fülle von ähnlichen Büchern nach sich zog und der das Genre der «Stubenmädchenliteratur» prägte. 2.000 bis 3.000 Titel hat der Buchgeschichtsforscher Norbert Bachleitner zur «Broschürenflut» ausfindig gemacht. Die großen Autoren der Zeit, die quasi auf der anderen Seite der Broschüren-Explosion standen, wie ein Aloys Blumauer, waren durch eine Stelle an einer staatlichen Institution gebunden und abgesichert, agierten damit aber im Rahmen der engen Zensurvorschriften, die sie selbst mitzuvollziehen hatten.

«Man fürchtete in jedem Epigramm eine Zweideutigkeit, in jedem Romanchen einen Steinregen auf die Kirche, in jedem philosophischen Denkzettel eine Absicht gegen die Ruhe des Staates», hielt der Autor Johann Pezzl in seiner *Skizze von Wien* (1786/1790) zur Situation vor dem publizistischen Tauwetter der 1780er Jahre fest.[36] Der Staat habe sich in der Rolle gesehen, «das Volk durch eine staatliche Auswahl der guten Literatur zu einem Besseren hin» zu erziehen, erinnert der Rechtshistoriker Thomas Olechowski.[37] Was anderswo Literaturkritik hieß, war in Österreich durch Debatten innerhalb der Zensurbehörden bestimmt. «Der aufgeklärte Herrscher bediente sich auf dem Gebiet der Zensur […] jener neuen Männer, die dem Gedankengut der Aufklärung aufgeschlossen waren und sich gegen die Widerstände des Klerus durchsetzten», hatte Habermas schon generalistischer im *Strukturwandel der Öffentlichkeit* argumentiert.[38] Für die Etablierung eines literarischen Feldes wie in Frankreich war dies ebenso ein Nachteil wie der rasante Nachdruck von bereits im Ausland veröffentlichten Werken, der mehr den Verlegern als Autorinnen und Autoren zugutekam.

Das Lesepublikum darf sich im Wien der 1780er Jahre aber nicht über eine Unterversorgung mit Lesestoff beklagen. War das protestantische Publikum durch die Bibel zum Lesen gekommen, so hatte man im katholischen Süden, um es salopp zu sagen, den Schund. In Wien will der Aufklärer Friedrich Nicolai bei seinen Reisebeobachtungen zum Jahr 1781 mehr vom «Atheismus reden hören, als an irgendeinem anderen Ort»[39] und der Vielreiser Georg Foster hält Mitte der 1780er Jahre in Wien fest: «Oft, das merke ich, gehen sie in den Folgerungen viel weiter, als man sich selbst getraute.»[40] Anders als in Deutschland, wo die Aufklärung lange, wie Rolf Grimminger sozialhistorisch argumentiert, eng an Minderheiten gebunden gewesen sei, fällt im katholischen Süden eine Literaturproduktion auf, die tatsächlich deutlich in die Breite ging und von sich den Anspruch erheben konnte, ‹eine Literatur für alle› zu sein. Der Anschluss an den Prozess der Modernisierung gelingt in Österreich ausgerechnet mit Textvermittlungsformen, die ästhetisch konservativ ausgerichtet sind. Dieses Paradoxon wird in Österreich noch Folgen haben, nicht zuletzt auch nach 1945, wo die Internationalisierung, die die Alliierten ins Land bringen, just dazu führt, nicht zu sehr auf die Moderne als Experiment zu setzen, sondern eher der Breitenwirkung den Vorzug zu geben.

Ein weiteres Paradoxon besteht in der Wirkung der österreichischen Aufklärung: Die beinahe pathologische Fixierung darauf, Fortschritt könne zentralstaatlich organisiert werden, produziert auf der Grundlage der aufklärerischen Selbstermächtigung die Absetzbewegungen von Wien, die vollends nach dem Wiener Kongress schlagend werden. Auch hier ist Italien wieder einmal das vorzügliche Beispiel. Vergeblich bemüht sich selbst Metternich, Franz I. von seinem strikten Zentralismuskurs in der Verwaltung der nichtdeutschsprachigen Gebiete abzubringen. Man solle, so Metternich, «den Provinzen eine Verwaltungsreform gebe[n], welche den Italienern beweise, man wolle sie nicht mit den deutschen Provinzen der Monarchie ganz gleich behandeln und sozusagen verschmelzen».[41] Der italienische Dichter, Literaturkritiker und spätere Nobelpreisträger Giuosè Carducci hatte ja schon den Frieden von Aachen (1748) als die Wurzel für das italienische Risorgimento idealisiert, konnte damit aber bestenfalls die Stimmen einzelner Literaten im Auge haben, die schon in der zweiten Hälfte des 18. Jahrhunderts eine italienische Nation forderten. In keiner Weise bildeten diese Stimmen aber so etwas wie ein Netzwerk. Dagegen produzierte möglicherweise der auf Universalziele ausgerichtete Zentralismus der Ära Joseph II. den Landespatriotismus als Kehrseite der eigenen Reformpolitik. Die Landespatrioten, so argumentiert etwa der Historiker Fillafer, hätten die programmatische Schrift *Über die Liebe des Vaterlandes* (1771) des österreichischen Chefaufklärers Joseph von Sonnenfels weniger im Sinn des überzeitlichen und «einsprachig codierten Nationalcharakters» gelesen, als vielmehr mit Bezug auf die Frage, was denn die Gemeinschaft der Landesbewohner zusammenhalte. Das, was eine entscheidende Spielart des Nationalismus gerade in sprachpolitischer Hinsicht werden sollte, sei eigentlich einer liberalen Haltung entsprungen, sich gegen einen von oben vorgegebenen Kurs staatspolitischer Vernunft zu stellen, argumentiert Fillafer. «Die Landespatrioten», so Fillafer, «schrieben das kulturhistorische Modell der Spätaufklärung fort und gingen von wandelbaren Kulturzuständen aus, die je nach Lebensmilieu der Landbewohner und Gemütsverfassung derselben variierten».[42] Im frühen 19. Jahrhundert sei der Vaterlandsbegriff vielgestaltig geblieben, so der Historiker, und erst später vom «sprachlich-nationalen Begriff» aufgesaugt worden. Austragungsort dieser Frage ist wie so oft in dieser Geschichte: die Kultur. Die Sogkraft der landespatriotischen Politisierung von Kultur (Fillafer erinnert hier an die Zurichtung des Ottokar-Stoffes im frühen 19. Jahrhundert) erkläre sich aus der dritten politischen Orientierungsoption, «jenseits einer ständischen Adelsnation und der revolutionären Volkssouveränität».[43] Das in Wien gern konstruierte Bild eines Weltbürgertums der Völkerfreundschaft verwandelte sich, nicht zuletzt am Rand des Habsburgerreiches, in den Humus für die «schleichende Zurichtung der Bürger nach Nationen».[44]

Joseph II. hatte für Deutsch als Amtssprache in seinem Reich gekämpft (zwischenzeitlich sogar Slawisch für einen Teil der Gebiete erwogen, bis man die mangelnde gemeinsame Austauschbasis für diese Überlegung erkannte). Die Idee der deutschen Amtssprache entstammt freilich keiner Identitätsfrage und hatte auch nicht zum Ziel, wie es in der Einführung zum Dekret der Deutschen Amtssprache vom 18. Mai 1784 hieß, «die Muttersprache auszurotten und sie den verschiedenen Nationalitäten zu nehmen, sondern nur, um diejenigen, die sich öffentlicher Tätigkeit widmen, zu vermögen, Deutsch und Lateinisch gleich gut zu verstehen und anwenden zu können».[45]

Nach Joseph II. und nach der kurzen Regentschaft Leopolds II. stehen unter Franz die Zeichen auf Restauration. Doch auch der im Schatten der Napoleonischen Kriege nach Wien geeilte Friedrich Schlegel wird nicht mehr mithelfen können, den Begriff des «deutschen Kaisers» verteidigen zu können. Die Lösung der deutschen Frage, die bereits im 18. Jahrhundert als ein Klärungsthema zwischen Preußen und Österreich aufgetaucht war, wird ins 19. Jahrhundert geschleppt – und dort dann nicht mehr von Österreich als deutsche Frage beantwortet werden können. Noch bevor Franz II. die deutsche Kaiserkrone niederlegte und 1806 zum «Franz I., Kaiser von Österreich» wurde, nahm er im Schatten der Kaiser-(Selbst)-Krönung Napoleons 1804 den Titel des «Österreichischen Kaisers» an, um für kurze Zeit deutscher und österreichischer Kaiser zu sein und als solcher selbst von Napoleon angesprochen zu werden.

«Eine jede selbstständige und bedeutende Nation hat das Recht, eine eigene Sprachbildung zu besitzen», hält Friedrich Schlegel in seiner in Wien gehaltenen 10. Vorlesung zur *Geschichte der alten und neuen Literatur* 1812 fest, nachdem er in der vorhergehenden Vorlesung gerade die Sprachbildung Italiens seit der frühen Neuzeit als Musterbeispiel hinunter dekliniert hat. Ohne die Sprachbildung keine eigene Geistesbildung, so Schlegel. «In einer ausländischen Sprache erlernt und fortgeübt», müsse diese Geistesbildung «immer etwas Barbarisches behalten», so der Deutsche auf österreichischem Boden, der damit gleich die Saat der wachsenden Unzufriedenheit der vom deutschsprachigen Österreich regierten Länder der Habsburgermonarchie benennen wird.[46]

«Der Einbruch des deutsch-romantischen Nationalismus in die Donaumonarchie musste bei den nichtdeutschen Völkern der Monarchie eine tiefe, nachhaltige Erregung auslösen»,[47] hält der österreichische Historiker Eduard Winter fest, der als einstiges Mitglied der NSDAP in den 1950er Jahren das Institut für «Geschichte der Völker der UdSSR» leitete und auch Mitglied der ostdeutschen Akademie der Wissenschaft war. Winter, intensiver Kenner des Josephinismus und des entstehenden Frühliberalismus, kennzeichnet ein stark antirömischer Zugang in seinem Überblick über die Geschichte des Vielvölkerreiches der Habsburger, was ihm offenbar dann auch die Aufnahme in die höchsten DDR-Wissenschaftskreise erleichterte. In seiner *Geschichte des Frühliberalismus der Donaumonarchie* erinnert Winter aber an einen nicht unwesentlichen Punkt in der österreichischen Restauration, den just der zum Katholizismus übergetretene und seit 1815 im Dienste Metternichs stehende preußische Philosoph, Staatsrechtler und spätere österreichische Hof- und Kanzleirat Adam Heinrich Müller formuliert hat. Müller formte in Wien die Idee der «machtstaatlichen Nationalität», die im Sinne Hegels dem Staat das Primat gab – und damit über dem Begriff der Nation (und des romantischen Nationalismus eines Schlegels) stand. Im machtstaatlichen Nationalismus verwirklicht sich laut Müller «die einzige Verbindung des gesamten inneren und äußeren Lebens einer Nation zu einem großen, energischen, unendlich bewegten und lebendigen Ganzen».[48] Das klingt schon ein wenig nach der ironiebefreiten Version kakanischer Selbstdefinition aus dem *Mann ohne Eigenschaften* Musils. Zugleich weist Müllers Ansicht in die Richtung des österreichischen Umgangs mit der Nationenfrage, wobei man nach dem Wiener Kongress lieber den Kopf aus der Schlinge zog, während an den Rändern der Monarchie die Nationenfrage zum bestimmenden Treibstoff gegen Wien wurde.

Drei. Der imaginäre Name Österreich

Die Fragen österreichischer Selbstdefinition werden mit dem Ende des römisch-deutschen Kaiserreichs und dem Wiener Kongress schlagend. Nicht zuletzt in Oberitalien spürt man die Auswirkungen dieser Selbstdefinitionsdebatte, die sich ein wenig auch hinter dem Zentralismus aus der Hauptstadt verschanzt. Franz I. ließ etwa im Zeichen der Restauration und der Zurückdrängung der Aufklärung Geheimbünde wie die Freimaurer verbieten. Um 1800, während der Auseinandersetzungen mit Frankreich, drückte sich das österreichisch-italienische Verhältnis noch mehr zwischen Wien und Rom aus und war grundiert von der Frage des Wie der Durchsetzung einer katholischen Restauration. Der Kaiser, der Adel, die verlorenes Terrain wieder gut machen wollten, aber auch das Papsttum wollten in dieser Frage mitmischen. Und im Hintergrund standen jene Beamten, die aus dem Josephinismus gekommen waren und diesem Treiben teils fassungslos zusehen mussten. Ihre Widerständigkeit wird die Grundlage für den österreichischen Reformkatholizismus.

Für die katholische Restauration sollte der von Papst Pius VII. ernannte neue Nuntius in Wien, Antonio Gabriele Severoli, ab 1802 für eine Wiederherstellung der Ordnung sorgen. An den Universitäten seien die «perversi principi del materialista Kant» eingezogen, kritisierte er in einem Brief an den Kardinalsekretär vom 13. März 1802.[49] Wiederherzustellen gelte es den Jesuitenorden und an der Universität sei zu den Prinzipen der Scholastik zurückzukehren. Die gesamte geistige Situation Österreichs wollte Severoli vom Standpunkt Roms aus überprüfen und fand tatsächlich einige Gefolgsleute im Staatsapparat. Anhänger der Aufklärung oder Kants wurden von Severoli als Anhänger des «filosofo di moda» gebrandmarkt.[50] Protestanten, die nach Wien kamen, um wie die Schlegels zum Katholizismus zu konvertieren, waren dagegen hochwillkommen. Trotz der strengen Überwachung durch Rom hatte Österreich gerade nach dem Wiener Kongress einen politischen Auftrag zu lösen. Österreich, als Konglomerat an Ländern mit ganz unterschiedlichen Sprachen, die teilweise nie zum früheren Deutschen Reich gehört hatten, sollte nun die Hauptmacht im neuen Deutschen Bund sein. Die Frage, die zu lösen war, lautete, wie man unterschiedliche Länder von Wien aus regieren konnte. Die (teilweise Wieder-)Eingliederung großer Teile Italiens in das österreichische Kaisertum nach dem Wiener Kongress und die Versuche einer Zentralsteuerung von Wien aus, verfolgte etwa der aus Südtirol stammende Joseph von Sardagna mit Interesse. Man könne die norditalienischen Provinzen, so Sardagna, nicht mit anderen Provinzen vergleichen, in denen es um die Zivilisierung roher Völker gehe.[51] Auch Metternich, so erinnert Heinrich Benedikt, habe «Mailand nicht zur Provinzstadt wie Brünn oder Graz herabdrücken und die geistige Metropole Italiens nicht hinter Turin herabsinken lassen» wollen.[52] Metternich setzte sich für den Föderativstaat ein und befürwortete gegen die Zentralismus-Fixierung des Kaisers landesständische Verfassungen. 1817 schien er mit seinen Ideen durchzudringen, wurden doch unter dem Obersten Kanzler Graf Franz Josef von Saurau drei Hofkanzleien eingerichtet: eine böhmisch-galizische, eine österreichisch-illyrische und eine lombardisch-venezianische. Das neue System aber, so meint Benedikt spitz, «war eine Augenauswischerei»: «Die italienischen Länder wurden wie unterworfene Provinzen – allerdings in vorbildlicher Weise – verwaltet.»[53] Stendhal, während seiner Zeit in Italien alles andere als ein Freund Österreichs und auch Metternichs, zollt den Österreichern zumindest hinsichtlich ihrer Versuche, die Stimmung in Italien auf ihre Seite zu ziehen, Respekt: «Metternich hat, soweit es um die Mailänder geht, das System gewechselt: er versucht sie lustvoll zu verführen. [...] Die österreichischen Staatsmänner sind Geistesmenschen, was ihnen davor nicht mit der Strenge gelungen ist, versuchen sie nun über die Verführung.»[54] Freilich, auch die Verführung hatte seit den Auseinandersetzungen ab 1830 ihre Grenzen.

Für den Historiker Benedikt ist gewiss, dass die Lombardei nicht verloren gegangen sei, weil ihr die Selbstverwaltung untersagt wurde. Die Monarchie, so erinnert Benedikt zugespitzt, sei letztlich nicht an den Feinheiten eigener Verwaltungsfehler untergegangen, sondern «weil sie durch äußere Feinde überwältigt wurde».[55] Insofern ist für ihn die Diskussion über die Durchsetzung der Metternichschen Ideen müßig. Man könne ja auch, so Benedikt, behaupten, dass es Franz I. gerade durch den Zentralisierungsansatz gelungen sei, sein Reich auf längere Zeit zu sichern.

Deutlich macht aber der Zugriff auf Oberitalien, dass genau der Zentralismus und das Eingreifen in die bürgerliche

Revolution in Italien von 1848 durch die in Wien gefeierten Gestalten wie Radetzky, den Widerstand gegen Österreich nur noch weiter entfachten. Teil der Restauration vor und knapp nach 1848 war jedenfalls auch in Österreich die Mobilisierung von Geschichtsbildern, die parallel zu Prozessen im Norden Deutschlands und auch in Italien lief, die aber durch die Herkunft des Reiches aus einer älteren Gemengelage umso komplizierter war. 1814 notiert der Adjutant des österreichischen Heerführers in Italien, der spätere erste Generalgouverneur des lombardisch-venezianischen Königreichs Graf Heinrich von Bellegard, viele von der napoleonischen Herrschaft geplagten Italiener würden sich ein geeinigtes Italien wünschen – und, sollte dieses Ziel erreicht werden, könnten die Deutschen diesem Beispiel folgen. Der Adjutant, der diese Voraussicht notierte, war Baron Carl von Hügel, der durch sein Anwesen in Hietzing nicht nur später dem gleichnamigen Park seinen Namen verlieh. Wie Metternich musste er nach 1848 Österreich verlassen und als Diplomat den weiteren Verlauf der Geschichte betrachten. Was, jedenfalls, so bleibt zu fragen, sollte der Name Österreich in dieser Gemengelage bedeuten?

«Österreich ist ein rein imaginärer Name, welcher kein in sich abgeschlossenes Volk, kein Land, keine Nation bedeutet», befand der liberale Politiker Victor Franz von Andrian-Werburg in seinem großen Vormärz-Werk *Österreich und dessen Zukunft* (1843).[56] Betraf Andrian-Werburgs Befund die Vielgestaltigkeit der Habsburgermonarchie und den in ihr angelegten Mangel an Gemeinsinn zwischen den Nationalitäten, so weist ja der «imaginäre Name Österreich» (so die Zuspitzung des polnischen Germanisten Lucjan Puchalski zur österreichischen Selbstbeschäftigung im 18. und 19. Jahrhundert) auch in Richtung aller Theoriedebatten der Gegenwart. Von Ernst Gellners Ansicht zur Selbsterfindung der Nationen (anstelle eines Selbsterwachens derselben), über Benedict Andersons bekannte Überlegungen über «imaginierte Gemeinschaft» bis hin zu Jeffrey Herfs Ansicht, dass es auch für die Moderne nicht ein generelles, abstraktes Konzept, sondern immer nur eines auf die jeweilige nationale Gesellschaft bezogenes gebe, bleibt für Österreichs Standortbestimmung ganz besonders die Vorstellung von Bedeutung, dass Gemeinschaft und Identität zuerst in den Köpfen entstehen müsse, bevor sie Realität werden könne. Eine Rolle dabei spielt immer eine Abgrenzung vom Außen, die Österreich bei der Selbstfindung half und hilft. Der Österreich-Begriff, so argumentiert Puchalski in dieser Hinsicht, sei in literarischen Texten in seinen Zuschreibungen stets «einer spezifischen Logik des Imaginären unterworfen», ja vollziehe alle «Sinn- und Wirkungsmechanismen» unter seiner Oberfläche in Form einer «versteckten ideologischen Topik» ebenso wie in einer «besonderen Bildhaftigkeit».[57]

Alle Versuche einer Zuschreibung des ‹typisch Österreichischen› provozieren eine andauernde Aufschubbewegung zwischen einem vorgestellten Anspruch und einer Realität, die selten deckungsgleich mit dem geäußerten Anspruch ist. Hinter dem Ausruf der Diotima bei Musil vom «Welt-Österreich» verbirgt sich dann doch ein Befund wie bei Andrian-Werburg, der gemeint hatte, hinter dem Weltbürgerhaften stecke in Österreich bestenfalls ein «engherziger Patriotismus», der «nicht mehr als sein Dorf oder höchstens seine Provinz» umfasse.[58] Es ist Teil der Illusio Österreich, dass neben den ungeschriebenen Gesetzen auch das spielerische Moment in der Selbstbestimmung des Landes eine zentrale Rolle einnimmt. Österreich bewegt sich gerade auch bei den «Vorgängen der Verklärung und Zuschreibungen des Österreichischen», wie es Puchalski so treffend nennt, immer auf einem doppelten Boden, wo das Gesagte Affirmation oder das komplette Gegenteil meinen kann. Das Spiel ist stets Teil der Illusio Österreich. Die «Parallelaktion» existiert als Ansage, nicht als Vollendung. Und, auch das ist konstitutiv für das Spiel, ist es die Ansage, die einen Gutteil des gesellschaftlichen Grundverständnisses in diesem Land ausmacht. Die Spielregeln sind für Außenstehende nicht immer leicht einsehbar – vor allem unterliegen sie aber der Vorstellung, dass sie nie von Außen ins Land hineingetragen werden können.

Die Geheimschrift der Gesellschaft darf freilich immer nur innerhalb Österreichs aufgesetzt werden – das ist ein weiterer Grundsatz in der Bestandslehre des Landes. Man könnte einwenden, dass dies in anderen Ländern auch so sei. Für das kleine Österreich ist aber gerade die andauernd wiederholte, unterschwellige Betonung, dass die unsichtbare Regel eine generisch österreichische sei, entscheidend. Man kann diese Regel nicht formalisieren, man kann sie nicht erklären. Sie liegt in den Zonen des Ungeschriebenen, des Schweigens, den *Zones de Silence,* wie es der Historiker und Theologe Michel de Certeau formuliert hat.

De Certeau unterzieht den «Raum des Gedächtnisses» einem psychoanalytischen Zugriff, um der «Verschachtelung» zwischen Gegenwart und Vergangenheit auf die Spur kommen zu können. Ihm geht es im Anschluss an das Hamlet-Beispiel aus Freuds *Traumdeutung* um Kriterien, «mit denen sich die Unterschiede und Kontinuität zwischen den heutigen Strukturen und den vergangenen Konfigurationen» besser begreifen lassen. Es geht um eine Art von De-Maskierung, um das, was Freud am Beispiel vom Verhältnis von Hamlet zu seinem getöteten Vater als «Wieder-Umkehr» bezeichnet: «Nach seiner Ermordung kehrt Hamlets Vater zurück, doch als Geist, auf einem anderen Schauplatz und wird gerade deshalb zum Gesetz, dem sich der Sohn unterwirft.»[59] Das Vergangene habe eine Macht, die sich auf Operationen der Gegenwart auswirke, weswegen im Umgang mit dem Vergangenen das Erinnern genauso entscheidend sein könne wie das Vergessen.

Neben dem passiven Verlust des Vergangenen gibt es nach de Certeau auch Aktionen gegen das Vergangene: Jede scheinbare autonome Handlung in der Gegenwart entstehe damit auch gegen einen «Rest», den sie abstoße und dem Vergessen ausliefere. Doch das Ausgeschlossene schleiche sich von Neuem wieder ein, wie de Certeau erinnert: Das Ausgeschlossene «erklärt das Bewusstsein des Gegenwärtigen zur Illusion».[60]

Jetzt mag man die Geschichte Hamlets immer noch, auch wenn es sich um ein Herrscherhaus handelt, als eine persönliche Geschichte sehen. Was aber, wenn man die Handlungen in einem größeren kulturellen Raum unter die Patronanz dieser Überlegungen stellte?

Auffällig an der Geschichte Österreichs in den vergangenen 150 Jahren, über die Brüche zwischen Monarchie und Demokratie hinweg, ist ein gewisser Wiederholungszwang, entkoppelt man die Handlungen von den Personen. Die Sehnsucht nach dem Durchgriff einer Zentrale und die stets schmerzhaften Erfahrungen in der Nicht-Durchsetzbarkeit dieses Anspruches fallen mit allen historischen Erfahrungen, die im Umgang mit Ober- und Mittelitalien gemacht wurden, darunter. Das Februarpatent von Kaiser Franz Joseph aus dem Jahr 1861, das die Wiedereinrichtung von Landtagen brachte und in gewisser Weise die Erfindung des heute bekannten Österreichs bewirkte, ist geprägt vom unvollziehbaren Spagat, einerseits regionale Identitäten zuzulassen, andererseits dem alten Primat einer kompletten Zentralsteuerung von Wien aus weiter folgen zu können. Das Februarpatent sollte einen Neuanfang markieren, aber eigentlich auch ein Weiter des Bisherigen garantieren. Es muss nicht an Freuds Studie *Jenseits des Lustprinzips* erinnert werden, auch nicht an seine späteren Überlegungen zum «Todestrieb»; doch der Hang, mit Strukturen aufräumen zu wollen, um letztlich an und in ihnen zu scheitern, ist ein Signum historischer und gesellschaftlicher Erfahrung in Österreich.

Österreich ist ein Land voll von Reformkonventen und Änderungsabsichten; alleine es gilt schon von vornherein als ausgemacht, dass sich möglichst wenig ändern möge, obwohl man sich einer intensiven Illusion der Aufarbeitung (für die tatsächlich große Anstrengungen und nächtliche Sitzungen aufgeboten werden) hingibt. Diese Haltung hat das Bild einer änderungsresistenten Insel der Seligen befeuert.

Schon in der Geburtsstunde der Ersten Republik bot sich den immer noch etablierten intellektuellen Eliten des früheren Reichs der Rückgriff auf die Kunst als ein mögliches gemeinsames Narrativ und Framing für das neue kleine Land an. Die plötzliche Kleinheit Österreichs machte zu schaffen. «Ich bin ja kein Patriot», schrieb Sigmund Freud im März 1919 an seinen Freund Sandór Ferenczi, «aber es ist peinlich zu denken, dass so ziemlich die ganze Welt Ausland ist».[61] Freuds große Schrift *Über das Unbehagen der Kultur*, die er 1930 veröffentlichte (mit dem Anspruch, danach nichts mehr schreiben zu wollen), verdankt sich nicht zuletzt auch Erfahrungen, die er in den 1920er Jahren in Wien gemacht hatte.

Überall bemühte man die Kultur als einende Klammer. Auf der Basis von Sublimierung, nicht Verdrängung, interpretierte Freud die menschlichen Kulturleistungen, die aus Einbildungskraft und Triebumarbeitung entstünden. Sublimierung, so erklärt Freud, sei ein «von der Kultur erzwungenes Triebschicksal».[62] Die Fortsetzung der Hochkultur aus der Zeit der Monarchie liest sich auch wie ein Trotz gegen jene Revolution, die die Habsburgermonarchie hinweggefegt hat. Alles sollte so weitergehen wie davor. «Die Oper, das Burgtheater, alles Institutionen, die nunmehr von den Bürgern und nicht mehr aus der kaiserlichen Privatschatulle bezahlt wurden, liefen so weiter wie davor», erinnert der Kulturhistoriker Manfred Wagner und fügt für das Mindset der anbrechenden

1920er Jahre hinzu: «Das kleine Restösterreich schien eine Kulturgroßmacht zu sein, da äußerlich gesehen die Tradition nicht gebrochen wurde und genug Substanz aus dem Fin de Siècle vorhanden war, auch noch für geraume Zeit die Bedürfnisse des Publikums zu befriedigen. Diese Stärke der kulturellen Tradition ist umso verblüffender, als politisch nicht mehr viel davon vorhanden war.»[63]

Wie der Blick auf die Erste Republik zeigt, setzten sich Konkurrenzen oder Feindschaften aus Zeiten der Monarchie im literarischen und kulturellen Feld fort, gebrochen nur durch die neuen Rahmenbedingungen eines Rumpfstaates. Die kurze Phase der Revolution im Herbst 1918 wurde überhaupt aus dem kulturellen Gedächtnis getilgt und stattdessen der Rückgriff auf die Habsburgererinnerung forciert.

Zu Revolutionen schreibt auch Freud wenige Monate vor dem Untergang des Habsburgerreichs im Frühjahr 1918 an Lou Andreas-Salomé, «kann man erst ein freundliches Verhältnis bekommen, wenn sie vorüber sind. Sie sollten in sehr kurzer Zeit abgelaufen sein.»[64] Das Scheitern einer radikalen Gesellschaftsveränderung nach dem Zusammenbruch der Monarchie, argumentiert Norbert Christian Wolf, habe dazu beigetragen, «dass diese Episode langfristig aus dem kulturellen Gedächtnis des Landes getilgt wurde». Und, so sein Zusatz: Dass vor allem der Beitrag von Frauen in der Literatur der Zwischenkriegszeit «erinnerungspolitisch eine lange Amnesie zu verzeichnen» gehabt habe.[65]

Zur Überwindung der Revolutionsfolgen griff man gern auf Überlegungen zurück, die man wie Hugo von Hofmannsthal schon in der Kaiserzeit getätigt hatte. Vorschläge, die einst dem letzten Habsburgerkaiser unterbreitet wurden, galt es nun neu zu adressieren und umso beredter zu argumentieren – etwa den wiederbelebten Plan, in Salzburg ein Festspielhaus zu errichten. Jetzt brauchte es ein neues, einendes Narrativ – und so deutete Hofmannsthal in Verbindung mit dem findigen Max Reinhardt die Idee zu den Salzburger Festspielen vor allem als Anlauf für ein Anti-Bayreuth um. Blickt man in die Gegenwart, dann gab der Erfolg den beiden Gründervätern recht. Denn auch ein modernes Liebespaar innerhalb eines spätbarocken Büßerstücks, das Reinhardt dem hölzernen *Jedermann* als Verkaufsargument abrang, ließ sich bis zum Broadway besser vermarkten, als die ewig mies gelaunten Nibelungen Richard Wagners.

Hofmannsthal lancierte gerade in der Frühphase der Republik eine Reihe von Texten, die das angeblich typisch Österreichische von einem deutschen Zugang auf die gemeinsame Kultur zu unterscheiden trachteten. «Dualismus» nannte Hofmannsthal, was später die Verbindung von ‹Internationalismus› und Lokalkolorit bei den Festspielen war. Der dualistische Hofmannsthal wollte die «kulturelle Zugehörigkeit zum deutschen Gesamtwesen» ebenso erhalten sehen wie «unsere Zugehörigkeit zu Österreich»: Und Letztere nähre sich aus der Verbundenheit mit lokalen Traditionen.[66] Misstraut wurde dem als kulturlos imaginierten deutschen Norden (obwohl sein *Jedermann* im Zirkus Schumann in Berlin die Uraufführung erlebt hatte). Dünkel gab es aber auch gegenüber Wien, denn nur in der mittelgroßen Stadt, so dachte

Hofmannsthal mit Blick auf Salzburg, würde das österreichische Wesen (wieder) genesen.

Zieht man den Faktor alles Klischeehaften in der kulturhistorischen Betrachtung Österreichs ab, so fällt auf, dass das Land in den letzten zweihundert Jahren an zwei Sachen besonders litt. Erstens: an der Nichtklärbarkeit der nationalen Identitätsfrage. Zweitens, und damit verbunden: am Nicht-Zurande-Kommen mit der Vielgestaltigkeit der Identitäten in Österreich vor 1918, an der man in gewisser Weise gescheitert war.

Im Mythos des Felix Austria habe die Monarchie immer schon «eine Stütze im Kampf gegen die Geschichte» gesucht, konstatiert auch Claudio Magris in seinem Buch zum Habsburgermythos. Österreich habe dies stets getan, «um den konkreten sozialen und politischen Tatsachen zu entfliehen».[67] Überhaupt, so könnte man Magris weiterdenken, funktionieren gewisse Klischees oder «Rhetoriken», wie er es nennt, als Instrument einer beinahe «fieberhaften Suche nach Identität»: Das ostentative Zur-Schau-Tragen verweise dabei nicht selten auf einen heimlichen Zweifel, den man mit einer obsessiven, narzisstischen, ja tautologischen «Salbaderei» vor sich hertrage.[68] Magris meinte die zelebrierte Mitteleuropa-Sehnsucht, die in vielen Milieus bedient wurde. Für Österreich könnte man insgesamt den Hang zu stabilisierenden Narrativen und Bildern ins Treffen führen, die dem Land über gewisse Lücken hinweggeholfen haben.

«Österreich ist kein Staat, keine Heimat, keine Nation. Österreich ist eine Religion», heißt es bei Joseph Roth in der *Kapuzinergruft*, dem Roman, der gleich zwei Untergängen ein

Monument errichtet: dem Habsburgerreich und dem Ende der Ersten Republik. Leidenschaftlicher als Franz Ferdinand Trotta kommentiert der galizische Graf Wojciech Chojnicki, der seine Winter in den Spielsalons an der Riviera verbringt, die Misere des österreichischen Umgangs mit sich selbst, vor allem den gescheiterten Versuch jeglicher Selbstbestimmung: «Zu Chojnickis Pflichten gehörte es, die Zeitungen zu lesen, Referate über die Politik zu halten. Jeden Sonntag fuhr er nach Steinhof, seinen verrückten Bruder zu besuchen. Er sprach mit ihm über Politik. Er berichtete uns: Privat ist mein armer Bruder komplett verrückt, sagte Chojnicki. Was die Politik betrifft, gibt es keinen zweiten, der so gescheit wäre wie er. Heute zum Beispiel hat er mir gesagt: ‹Österreich ist kein Staat, keine Heimat, keine Nation. Es ist eine Religion.› Die Klerikalen und klerikalen Trottel, die jetzt regieren, machen eine sogenannte Nation aus uns; aus uns, die wir eine Übernation sind, die einzige Übernation, die in der Welt existiert hat. ‹Mein Bruder›, sagte mein Bruder zu mir, und er legte mir die Hand auf die Schulter, ‹wir sind Polen›, höre ich. Wir waren es immer. Warum sollten wir nicht? Und wir sind Österreicher: Warum wollten wir keine sein? Aber es gibt eine spezielle Trottelei der Ideologen. Die Sozialdemokraten haben verkündet, dass Österreich ein Bestandteil der deutschen Republik sei; wie sie überhaupt die widerwärtigen Entdecker der sogenannten Nationalitäten sind. Die christlichen Alpentrottel folgen den Sozialdemokraten. Auf den Bergen wohnt die Dummheit, sage ich, Josef Chojnicki.»[69] Thomas Bernhard hat solche Befunde eigentlich nicht übertroffen.

Es ist der projektive, unfertige Charakter, an dem Österreich leidet und sich abarbeitet. Die Eigenschaftslosigkeit, die ja in der Unabgeschlossenheit der österreichischen Identitätsdebatte liegt, wäre nach Musil die Chance, der Moderne ein Stück weit adäquater begegnen zu können. Zumal sich der Österreicher bei Musil noch elastischer gegenüber der modernen Welt verhält als beim einstigen ‹Fin-de-Siècle-Priester› Hofmannsthal. «Sagt man es so: diesen Menschen war alles zugleich Unlust und Lust, so bemerkt man wohl, wie vorwegheutig es war, denn der sanfteste aller Staaten stürmte in manchem seiner Zeit heimlich voraus», heißt es im *Mann ohne Eigenschaften* mit gehörigem Augenzwinkern.[70] In der Zweiten Republik «stürmte» Österreich freilich nicht voraus, sondern lebte auch von einer Rückprojektion auf eine imaginierte Identität: «In den 60er-Jahren, als Heimito von Doderer seine letzten Romane schrieb – da war immer noch die Identität des k. u. k.-Reichs drin», meint etwa die Autorin Eva Menasse und fügt hinzu: «Diese Idee, dass man nach Kroatien, Slowenien, Belgrad und Bukarest reisen kann und noch in seinem eigenen Einflussbereich ist. Das ist langsam gewichen, und dann war da eine Leerstelle, und da hat sich dieses reduzierte Land nur irgendwie an Deutschland anhängen oder andenken können.»[71]

Wobei man stets anders sein wollte als Deutschland und das typisch Österreichische eher ein Produkt nach 1945 ist, wie Oliver Rathkolb in seinem Buch *Die paradoxe Republik* nachdrücklich gezeigt hat. Gerade im Angesicht der Ukraine-Krise wird für Österreich aber offenbar, dass man auch unter der

Patronanz einer Mitteleuropa-Ideologie einem Geschichtsbild gefolgt ist, das sehr auf die (einstige) eigene Sendung abzielte und weniger auf das Gegenüber in diesem Territorium Mitteleuropa schaute. Mehr noch: Man befeuerte, gerade weil man so kulturell geschult war, das Dissidenten-Narrativ, fand es bei Dichtern und Denkern in prekären Lagen. Bei Paul Celan in Czernowitz, Jan Patočka in Tschechien, Adam Michnik in Polen. Und übertrug dieses Denken auf Figuren der Gegenwart. Doch einst strahlende Liberale wie ein Viktor Orbán, der immerhin an der Universität Oxford ausgebildet wurde, sollten dieses Wunschbild nicht bestätigen können.

Der Historiker und Russland-Experte Stephen Kotkin attestiert westlichen Eliten eine große Verliebtheit in das Dissidenten-Thema, erinnert aber daran, dass kein Land im ehemaligen Ostblock, nicht einmal Polen, an einer massiven Gegen-Revolution zugrunde gegangen sei. Der Osten, er ist für Kotkin alleine durch wirtschaftliche Abhängigkeit von westlichen Krediten und einer Elite, die nicht mehr auf die Realitäten zu reagieren wusste, implodiert, in diesem Sinn auch an einer nicht vollzogenen Trennung zwischen staatlichen Strukturen und Führungseliten. «Vielleicht hätten sich die osteuropäischen Länder gleichzeitig für eine gemeinsame Entschuldung zusammenschließen können, um damit dem Finanzsystem, das sie im Zaum gehalten hat, einen Schlag zu versetzen oder zumindest durch eine Abschreibung Druck auszuüben», so Kotkin in seinem Buch über die Implosion des kommunistischen Establishments: «Aber sie waren Kommunisten und keine globalen Casinospieler.»[72]

Die Mitteleuropa-Fantasie der 1990er war vielleicht doch nicht mehr als die ideologische Begleitmusik einer nicht zuletzt auch österreichischen Wirtschaftsexpansion, die neben den guten Geschäften die Wiederbelebung einstiger Kulturräume betonte, so, als lasse der wirtschaftliche Aufschwung den vom Historiker Christopher Clark beschriebenen Geist eines modernisierbaren habsburgischen Verwaltungsreiches wiederaufleben. Hatte der ungarische Politiker und spätere Soziologe in den USA, Oszkár Jászi, nicht schon 1929 beschrieben, dass «der Weltkrieg nicht die Ursache, sondern die Beseitigung des tiefen Hasses und Misstrauens der Nationen» gewesen sei? Und dass in der alten Habsburgermonarchie «die Rechtsstaatlichkeit hinreichend sicher; die Freiheiten des einzelnen immer stärker anerkannt; politische Rechte kontinuierlich ausgeweitet; das Prinzip der politischen Selbstbestimmung zunehmend respektiert» worden wären?[73] Konnte man also nicht jetzt, wo Grenzen und Stacheldrähte gefallen waren, an alte Bande wieder anknüpfen? Spät erst wurde auf dem Terrain der Kulturwissenschaften der deutschnational belastete Mitteleuropa-Begriff vom offeneren Zentraleuropa-Konzept abgelöst, den nicht zuletzt der Doyen der österreichischen Kulturwissenschaften, Moritz Csáky, zu forcieren suchte.[74] «Das Wort Mitteleuropa», erinnert schon Claudio Magris, sei als eine «historisch-politische Bezeichnung geboren» worden, «tatsächlich aber ein politisches Programm»: «Es charakterisierte die Begegnung der deutschen Kultur mit anderen Kulturen im Gebiet, aber seine dominante Implikation war eine deutsche.»[75] Magris meinte damit zwar Historiker bis in die Zeit von Heinrich von Srbik, der im Jahr 1937 ein mitteleuropäisches Reich «unter Ottokar und unter den Luxemburgern» herbei fantasierte; mit dem Beisatz: «[N]ur deutsche Idee und deutsche Kraft unter deutscher Führung hätten das große Werk zustande bringen können.»[76] Im Umgang mit der Projektpolitik Österreichs im Schatten des Falls des Eisernen Vorhangs feierte das alte Mitteleuropa-Konzept eine Renaissance. Er war nicht mehr deutsch belastet, schließlich aber alt-österreichisch romantisiert und getragen von einer Kulturwissenschaft im Adelsrang. Dieses Mitteleuropa-Konzept war voll von historischem Vergessen rund um die kulturpolitischen Auseinandersetzungen der 1970er Jahre und der Polemik auch bürgerlich-liberaler Kreise gegen Dissidentenstücke am Wiener Burgtheater. Wenn der Essayist Karl-Markus Gauß zurecht fordert, dass sich Geschichte von den Rändern her schreibe, dann bliebe zu erkennen, dass an den Rändern gerade jene Kulturproduktionen sitzen, die auch der so scheinbar allumfassende Mitteleuropabegriff ausgeschlossen hat.

Hugo von Hofmannsthal.

Vier. Grillparzer und die Geheimschrift Österreich

Als Österreich 1945 wieder zu existieren beginnt, ist der Rückgriff auf die Kultur für die Identitätsbildung unerlässlich. Und es ist ein Rückgriff auf eine bestimmte Phrasierung und Ausdeutung der in der Zeit der Ersten Republik wiedergefundenen, genuin österreichischen Tradition. Zentralorgan für diese Stimmung und eine Ausklammerungsideologie, wie sie einem bis in die Mitte der 1980er immer wieder begegnen wird, ist in den Geburtsstunden nach der Befreiung des Landes die Zeitung *Neues Österreich* als breit-koalitionäres Zentralorgan für eine Rückbesinnung des Landes. «Sie [«die braune Pest», wie es im Textteil davor hieß, Anm. GH] konnte uns auch nicht in siebenjähriger Unterdrückung eines nicht rauben, die österreichische Seele», heißt es in einem Artikel von Viktor Suchy am 27. April 1945, dem Tag der österreichischen Unabhängigkeitserklärung, im *Neuen Österreich*. Suchy deutet die Philharmoniker und ihre Tradition als Seele des Österreich-Bewusstseins und stilisiert sie beinahe zum Widerstandszentrum gegen die «programmatische Gängelung Goebbels». Immer sei sich «das Orchester seiner österreichisch-europäischen Mission bewusst» gewesen, so Suchy, der damit auch der Idee einer Kulturmachttradition Österreichs in der Nazi-Zeit folgt.

Suchys Beschreibung steht fast programmatisch für den über Jahrzehnte folgenden Umgang Österreichs mit der eigenen Beteiligung am Nationalsozialismus und der Rolle bei der Judenverfolgung und -vertreibung. Öffentlich und breitenwirksam wird diese Debatte tatsächlich erst ab Mitte der 1980er Jahre geführt. Die wissenschaftliche Aufarbeitung, gerade der schleichenden Arisierung im intellektuellen und künstlerischen Feld, ist immer noch nicht abgeschlossen. Sie zeigt aber, wie sehr das Gedankengut des Nationalsozialismus bereits in der Zwischenkriegszeit vorweggenommen wurde und dass wesentliche Akteure ihre innere Positionierung noch in der Monarchie entwickelt hatten. So fällt bei den Wiener Philharmonikern auf, dass bereits vor 1938 rund 25 Prozent der Musiker Mitglieder der damals in Österreich verbotenen NSDAP oder parteinahen Organisationen waren. Nach 1938, so zeigt es die von den Philharmonikern spät selbst beauftragte Aufarbeitung der eigenen Geschichte, stieg die Zahl der Parteimitgliedschaft bei der NSDAP auf stolze 50 Prozent (ein Wert, den etwa die Berliner Philharmoniker nie erreichen sollten, wie Werner Schreiber in der *Süddeutschen Zeitung* 2013 erinnerte).[77]

Die Beteiligung von Österreicherinnen und Österreichern am Nationalsozialismus hat eine sehr lange Vorgeschichte. Nur aus dieser, so der Zeithistoriker Oliver Rathkolb, sei zu erklären, warum etwa die «Säuberung» des Kunstbetriebs nach 1938 etwa in Wien derart rasant gegangen sei. Andere Institutionen, etwa die Wiener Secession, waren de facto schon ab 1918 ‹judenfrei›, weil die Leitung der Künstlervereinigung letztlich bei einem deutsch-nationalen Netzwerk lag.[78] Genau die Netzwerke der Mitbeteiligung begünstigten nach 1945 ein Klima des Schweigens und verlängerten damit jene intellektuelle Arisierung, die letztlich nur in der Geschichtsaufarbeitung überwunden werden konnte. Wer noch in den 1990er Jahren in den Bestand von Institutsbibliotheken etwa der Universität Wien schaute, konnte am Bücherbestand erkennen, wie weit der Grad der Nazi-«Säuberungen» gegangen war – und wie hier nie eine Lücke geschlossen wurde. In der Gesellschaft und in den Biografien jüdischer Familien bleibt dieses Fehlen bis in die Gegenwart massiv und schmerzhaft fühlbar.

Suchy, so der Historiker Gerd Kerschbaumer, habe mit diesem Artikel «die herüber gerettete Kultur von allen schwarzen und braunen Flecken zu reinigen» getrachtet, damit «in geballter Form die symptomatischen Eigenschaften der österreichischen Seele zum Vorschein gebracht: Verbrämung, Verdrängung, Rechtfertigung, Ignoranz, Schuldabwehr, Selbstbeweihräucherung, Großmannssucht, missionarischen Eifer und Zynismus.»[79]

Man muss aber nicht nur auf das Feld der Musik blicken, um den zelebrierten Fortbestand der österreichischen Tradition zu finden. Im Bereich der Literatur nimmt Franz Grillparzer die entscheidende Funktion der Repatriierung des Österreichischen ein. Und just wird sie unter seinem Namen von jenen umgesetzt, die davor die österreichische in der großdeutschen Tradition aufgehen lassen wollten. Sowohl der Germanist Josef Nadler als auch der Schriftsteller Max Mell, 1937 etwa Präsident des «Bundes deutscher Schriftsteller Österreichs», werden unter der Fahne Grillparzers eine beinahe unsichtbare Wende retour in das Lager Österreichs machen.

Mell, einst inniger Briefpartner Hofmannsthals, sollte nach 1945 zu einem der prominentesten Vertreter der katholischen Dichtung in Österreich avancieren und wie später auch Nadler wichtiger Juror in der Grillparzer-Jury der Akademie werden. Erfolgreich, so erinnert der Historiker Gert Kerschbaumer, habe Nadler davor den Namen Grillparzer für die «nationalsozialistische Kulturpropaganda […] missbraucht.»[80] Jetzt schien in den Werken Grillparzers die große Einsicht in die Humanität und ihrer Gefährdung aus österreichischer Blickrichtung verwirklicht. Mit Grillparzers *König Ottokars Glück und Ende* wurde am 15. Oktober 1955 das wiederaufgebaute Burgtheater eröffnet. Das Stück sollte zur ersten Liveübertragung des Fernsehens werden, das sich damals noch in einem Versuchsstadium befand. Der Wiedereinzug von Staatsoper und Burgtheater an ihre eigentlichen Spielstätten wurde wenige Monate nach der Unterzeichnung des Staatsvertrages in Form von Festakten, die ein neues und unabhängiges Österreich feierten, zelebriert (in der Staatsoper wird es am 5. November desselben Jahres charakteristischerweise für das Nachkriegsnarrativ der *Fidelio* unter Karl Böhm sein, mit dem man in die neue Zeit zieht).

Wenn Österreich schon keinen Johann Wolfgang von Goethe hat, so bleibt immer noch Grillparzer. Wie Goethe war Grillparzer ein Beamter, wenngleich ein melancholischer; wie Goethe ein Mensch, der die Welt in allem durchdenken wollte. Und auch wenn Grillparzer vielleicht ein bisschen weniger in den Gedanken Spinozas gebadet hatte als der Geheimrat aus Weimar, so durchzieht doch seine Welt ebenso der pantheistische Geist von einer stillen Grundordnung. Grillparzer wollte die Welt geordnet sehen, sie aus sicherer Distanz in den Blick nehmen – und mitunter auch auf die Essenz herunter kochen, etwa wenn er sich mit den deutschen Debatten über die Rolle von Kunst und Fragen der Ästhetik auseinandersetzte. Mit Immanuel Kant konnte er umgehen, der deutsche Idealismus war ihm trotz persönlicher Begegnung mit Hegel in Wien wesensfremd und mit der Überermächtigung des Ichs gekoppelt, die er in all seinen Dramen verdammte. Im Grunde war er ein Klassizist, der etwas zu spät in die Welt gestoßen wurde und, blickt man auf seine Biografie und die nie vollzogene Verheiratung, nie ganz in ihr ankam.

Auch wenn Grillparzer den Hof zu preisen schien, hat es ihm der Hof nie oder nur zögerlich gedankt. Empfindsamkeit, Romantik, aber auch der revolutionäre Idealismus eines Jungen Deutschlands waren ihm fremd. Sein Nichtankommen in der Welt wäre freilich wiederum ein Topos der österreichischen Literatur, der von ihm bis hinauf zum Duo Bernhard/Handke verweist. «Die deutsche Phantasie könnte man beschuldigen, gar zu gern ins Weite zu gehen und dadurch unbildlich zu werden», schreibt er in seinen *Studien*, die eigentlich den schönsten Schlüssel zu seinem Werk und Denken darstellen: «Je höher diese Kraft sich versteigt, umso nebelhafter werden ihre Gebilde, bis sie endlich zu bloßen Schemata entschwinden. […] Der Wert der Phantasie für die Kunst liegt in ihrer Begrenzung, welche die Gestalt ist.»[81] Die Deutschen, so geht Grillparzers Grundbetrachtung weiter, seien gewohnt, «von scharf bestimmten Begriffen auszugehen», doch zu leicht «verlieren sie [...] den Takt für die Zufälligkeiten des Lebenden». Das wird man später bei Hofmannsthal wieder lesen – und auch in der Zweiten Republik als Haltung antreffen. Zu oft, so Grillparzers Fazit, «rollt denn die ganze Komposition als ein unentwirrbares Chaos belästigender Schönheiten um ihre eigene Achse».[82] Will er «die Gegenwart in harmonische Vergangenheit verwandeln», wie Magris schreibt?[83]

Wer auf Grillparzers Handschrift blickt, der sieht schon am Schriftbild einen Menschen mit klarem Ordnungs- und Orientierungswunsch vor sich. Seine Ästhetik ist eindeutig von der Verbindung von Inhalt und Form geprägt, von einer Klarheit, die dem Ausschweifen Zügel anlegen will. Das hat auch viel mit Grillparzers Zeiterfahrung zu tun, durchmaß er doch die Welt der Napoleonischen Kriege hinauf bis zu den gesellschaftlichen Veränderungen der industriellen Revolution. Und in der Mitte standen die Erfahrungen des 1848er Jahres. Wenn er also tief in die Geschichte zurückblickt, so situiert er moderne Konflikte in früheren Zeiten zwischen Antike und Barock. Auch das wird späteren österreichischen Lesarten entgegenkommen.

Der Ottokar etwa, er ist bei Grillparzer, wie Leonello Vincenti konstatierte, der «moderne Parvenu», der mit Säbelgewalt und Hochmut gegen eine höhere Ordnung an die Macht drängt. Man mag darin, wie Emil Staiger festhielt, den «österreichischen Sinn für überliefertes Gut» erkennen; und stets bemüht Grillparzer ja die höheren Zusammenhänge.[84] Doch nach dem Zusammenbruch des Kaiserreiches kann darin auch eine zeitkritische Polemik gegen den raschen

Aufstieg Preußens verortet werden, der geschickt in einem Historiendrama ummantelt ist. Die «ewige Staatsidee gegen das Übergangsindividuum» (Vincenti) propagiert Grillparzer und stützt sich dabei aber auf ein Regieren, das nicht von der Gnade Gottes, sondern der Zügelung der Triebnatur geprägt ist. Grillparzer darf in diesem Sinn auch als Austro-Kantianer angesehen werden, der die hohen Gedanken der Philosophie im «sanften Gesetz», von dem später bei Adalbert Stifter die Rede ist, landen lässt. Ohne Grillparzer, so könnte man behaupten, gäbe es auch keine Musilsche «Eigenschaftslosigkeit», die ja die Einsicht in das Wesen der Welt aus der Befindlichkeit der Moderne in den Blick nimmt.

Grillparzers starke Charaktere verkünden: Füge dich in das Wesen der Dinge, bescheide dich – und verabschiede dich von der Hybris, alles beherrschen zu können. Das mag man als Antimodernismus deuten. Doch man mag zugleich nach der Funktion fragen, die das Grillparzersche Narrativ im 19. Jahrhundert hatte. Grillparzers Wunsch nach der Stabilisierung der Welt entspringt einer Zeiterfahrung und einer Warnung, wohin die Überindividualisierung hinführen könnte. Ironischerweise wäre gerade Grillparzer in der Hegelianischen Rechtslehre und in dem dort ausgestellten Staats- und Gesellschaftsmodell heimisch geworden. Zu sehr aber nagten an ihm die Erfahrungen der Zeit, die er leicht mit dem idealisierten Ich aus der Philosophie Hegels gleichsetzen konnte. Dass Grillparzer zum Staatskünstler gerade nach 1945 wurde und er einer neuen Österreich-Stabilisierung diente, verwundert nicht. Dass er lange Zeit Schullektüre war, hat der Sicht auf ihn zu viel Blei aufgeladen. Die Sehnsucht nach dem Glück, sie ist bei Grillparzer von einer Melancholie durchdrungen, die freilich ebenso wie das Glück kollektiv erfahren und erkannt werden soll.

Italien, es ist bei Grillparzer noch mehr ein Sehnsuchtsort, als bei den späteren Österreich-Urlaubern an der Adria. An der einstigen Größe Italiens schulen sich Blick und Sentiment, und die einstige Größe Italiens weist dem Menschen auch aus Österreich die Kleinheit seines Standpunktes und bestenfalls die Erreichung des Ideals in der Form des Traumes zu. Mit einer Paraphrase aus Goethes Mignon-Lied war Grillparzer in den Süden aufgebrochen (das Gedicht «Kennst du das Land», 8. März 1819), mit dem Gedicht «Nach der Rückkehr aus Italien» kommt er 1819 auch zurück:

«So hab' ich dich gesehn, genossen,
Du Land, wo Myrt und Lorbeer weht,
Des Schönen Heimat und des Großen,
Wo Lebenskeim' aus Gräbern sprossen,
Des Träumers Traum verwirklicht steht.»[85]

Fünf. Kultur als Notationssystem

Die gerne gehörte Behauptung, Österreich sei eine «Kulturnation», ist prekär. Die Feststellung operiert mit dem Konzept der Nation, das für Österreich seit 1848 voller Fallstricke und falscher Freunde ist. Und sie bringt, wie zur Auflösung des Nationenbegriffs, den Begriff der Kultur ins Spiel, der in Österreich sehr rasch zur Hand ist, doch eine trügerische Nestwärme verbürgt. Seit 1918 markiert das Ausweichen vor der Frage der Nation. Kultur verbürgt Sendungsbewusstsein, Sittlichkeit und am Ende eine herausragende Stellung in der Welt. Kultur ist das Notationssystem einer österreichischen Identität. Mehr noch: Sie ist das Notationssystem in einer republikanischen, österreichischen Identität ohne Scheu des Rückgriffs auf die Vergangenheit vor 1918. «Als Realität und deren Symbol war Österreich zu solcher Symbolkraft geschaffen, gleichsam eine Volksdichtung, die zur Realität gerufen wurde, auf dass sie aus eigenem, ohne dass jemand einen Dichter zu nennen vermag, immer wieder Realität hervorrufe», schreibt Hermann Broch in einem Aufsatz aus den Jahren 1947/48. Österreich als sich selbst dichtendes Gebilde, wie Broch überspitzt, sei «von Vorsehung und Geschichte hierfür gezeugt und einmalig» und demgemäß immer schon mehr als die rational idealistische Staatsidee Hegels. Es sei «höchste Realität, ja sittliche Realität».[86] Konstatierte Broch dies mit Blick auf «Hugo von Hofmannsthal und seine Zeit», so beschäftigte ihn die Auswirkung der Konstruktion von

Kunst, Gesellschaft und Politik für alles, was folgte: der Neuanfang nach 1918, nicht zuletzt aber die Katastrophe nach 1938, bei der der Jude Broch einen Großteil seiner Familie verlieren sollte. «Die Abschiedsstimmung, von der die Habsburgermonarchie seit Dezennien umfangen war, hatte sie den Tod vergessen lassen, und all die Menetekel, mit denen der Geist des 20. Jahrhunderts sich angekündigt hatte, waren unbeachtet geblieben; nirgendwo war man dem Neuen weniger gewachsen als in Wien», konstatiert Broch zum Aufbruch des Landes in die demokratische Zeit.[87]

Dass Österreich gerade aber an den Ansatzpunkten 1918 und 1945 als ein Gebilde entstand, das sich einerseits klar von Deutschland abzugrenzen hatte, andererseits zugleich so tat, als sei es immer schon aus sich entstanden, mag man als gelungene Standortbestimmung betrachten. Bei dieser Konturierung von Identität kam es gerade in der Frühphase der Ersten Republik zu folgenschweren Weichenstellungen, an der nicht zuletzt auch Schriftsteller und Journalisten samt ihren Kämpfen um die Vormachtstellung im kulturellen Feld beteiligt waren. Italien lässt an diesem Punkt grüßen, waren es dort doch wesentlich die Dichter und Literaten, die dem Land gerade auch in der Formulierung politischer Identität auf die Sprünge helfen wollten. Der österreichische Kulturbegriff ist immer auf Bestätigung aus – und dadurch in gewisser Weise von seiner Konstruktion her anti-modern, zieht man Reinhart Kosellecks Definition der in der Aufklärung erarbeiteten Moderne heraus, die sich ja in der moralischen Kritik am Absolutismus konturiert habe, und die in Folge als permanente Dauermoral nach dem Wegfall des Gegners gegen sich selbst richte: «Wurde einmal die zur Moral polarisierte bestehende Herrschaft der moralischen Instanz unterworfen, so verwandelt sich der Staat in einen Raum persönlich unverbindlicher, aber moralischer Totalitätsansprüche.»[88] Die Utopie der Aufklärung habe in der Moral, die sie entfesselt habe, ihre eigene politische Grenze, so Koselleck. Für die Lage in Österreich, folgt man der Ansicht Kosellecks, könnte das nur bedeuten, dass ein auf Bestätigung ausgelegter und nicht kritisch ausgerichteter Begriff der Kultur jenseits der Moral auch jenseits der Verpflichtungen der Moderne liegen müsse. Kultur ist in diesem Sinn instrumentell und liegt auch außerhalb des so oft beschriebenen Prozesses der Moderne. Sie ist dann nicht mehr Stachel im Getriebe der Gesellschaft.

Als «Stil-Demokratie» hatte Broch die österreichische Gesellschaft bezeichnet und diese «Stil-Demokratie» in ihrem Entstehen schon in der zweiten Hälfte des 19. Jahrhunderts festgemacht. «Die Welt wird zum schönen Theater, das der Künstler eben dieser Welt vorzuführen» habe, so Broch. Und das Volk? Dieses werde als «eine kollektive Märchengestalt» vorausgesetzt.[89] Das Schöne wird zum gemeinsamen Ganzen und zum Raum, in dem man sich seiner Herkunft und Mission bewusst wird.

Als Österreich in die unsichere Phase des Neubeginns nach dem Untergang der Monarchie aufbricht, der Umsturz der Dichter wie Kisch, Werfel und Co. abgewendet ist, funktionieren die alten kulturellen Eliten, die die Veränderungen mit ironischer Distanz betrachten, weiter. 1945 wird sich Ähnliches vollziehen. Gegen den Blick auf die eigene Verantwortung im Nationalsozialismus spielen die Wiener Philharmoniker los – nur diesmal für ein neues Österreich. Die Indienstnahme des Kulturbegriffes zeitigt Folgen auf mehreren Ebenen. Kultur, die Identität verbürgt, braucht eine Form der Kunst, die gemeinsame Nenner schafft. Die widerständige Moderne hat es gegen diesen Kunst- und Kulturbegriff deutlich schwerer. Kultur wird weiters aus der Tradition und dem Anspruch auf eine besondere Herkunft abgeleitet. Auch das hat Folgen für die Moderne, wird doch die Tradition und die Überführung genau jener bereits zur Habsburgerzeit eingeübten Kunstdiskursformen weitergeführt. Auch Robert Musils großer Roman entwirft fiktiv das Panorama der Moderne ein Jahr vor dem Ausbruch des Ersten Weltkriegs, im Jahr 1913. Kakanien mag moderner gewesen sein und in manchem auch seiner Zeit voraus, wie es ja süffisant im Roman mit dem Hinweis auf das Nicht-Zuviel heißt. Das Framing bleibt die Monarchie, der Weg nach vorne geht nur über Rückgriffe.

Sechs. Erfindung der Tradition und Österreichs herausragende Stellung

Anders als die Deutschen, besser als die Deutschen und vor allem: *nicht* die Deutschen. In der Ersten und Zweiten Republik spielen diese Motive eine wesentliche Rolle für die Ausgestaltung einer österreichischen Identität. Schon in der Endphase der Monarchie ging es nicht ohne das Kräftemessen mit Deutschland. Und dieses war von einer Projektion auf die deutsche Kultur getragen, der man unterstellte, all das leisten zu können, was man im eigenen Staatsgebilde nicht zu Stande brachte. Der Wagnerismus und die Ausstrahlung der Institution Bayreuth wirkte schon in die Debatten der Jahrhundertwende hinein, als der Priester im literarischen Feld, Hermann Bahr, 1909 in einem berühmt gewordenen Aufsatz die überragende Stellung Bayreuths, verbunden mit der Errichtung eines Tempels für das kulturelle Sendungsbewusstsein, als «Ausdruck eines unerbittlichen Willens» pries.[90]

Der aus Linz stammende Bahr war nicht immer der Priester der Moderne. In den 1880er Jahren, zu Beginn seiner Studienzeit in Wien, nähert sich Bahr der Alldeutschen Bewegung eines Georg von Schönerer an und wird im März 1883 von der Universität Wien ausgeschlossen, nachdem er beim deutschnationalen Trauerkommers für Richard Wagner das multinationale, habsburgische Österreich in Frage gestellt hat. Für Bahr scheint die österreichische Antwort auf Bayreuth damit ja auch aus der eigenen Biografie schlüssig. Und diese Antwort soll noch auf dem Boden jener Monarchie gefunden werden, deren Ausrichtung Bahr einst vehement abgelehnt hatte. Der Gedanke von einer als überragend gedachten Sendung Österreichs wurde noch zum letzten Kaiser getragen, als das Reich in seinen letzten Atemzügen lag und die finalen Schlachten des Sommers 1918 focht.

Die Gemengelage für die Debatte über die herausragende Rolle Österreichs sei in den letzten Jahren der Habsburger Monarchie durch «Fronten zwischen Modernisten und Antimodernisten bzw. Juden und Antisemiten» charakterisiert gewesen, erinnert sich Hofmannsthal und vollzieht dabei so etwas wie die Beschreibung der Geschichte seines eigenen Wertewandels.[91] «Das österreichische Kunstleben soll den ihm gebührenden ersten Platz im internationalen Kunstleben einnehmen», war schon 1918 im offiziellen Antrag für die Einrichtung von Festspielen in Salzburg zu lesen. Und Hofmannsthal beschrieb es im Sommer 1918, als das weitere staatliche Schicksal Österreichs völlig unklar war, nach Gesprächen mit Leopold von Andrian-Werburg, Max Reinhardt, Richard Strauss und Richard Beer-Hofmann in Bad Ischl in seinen Erinnerungen so: «Wir trafen uns alle in dem schmerzlichen Bedauern, dass die Führung in diesen Dingen [Kunst und Theater, Anm. GH] [...] seit Jahren Österreich entglitten ist, [...] aber auch in dem festen Glauben an Österreichs hohe Sendung in den Künsten.»[92] Die Gedanken richten sich an den späten Kaiserhof, der zu dieser Zeit noch die Bestellung von Schlüsselpositionen, etwa die Leitung des k. u. k.-Hoftheaters an Hofmannsthals Freund Andrian, durchführt.

Noch hatte der Kaiser eine Art Föderation der verschiedenen Länder im Sinn – und für sich dabei immer noch eine zentrale Rolle zugedacht.

Österreich verlängert ungeachtet der Verwerfungen und kurzzeitigen Revolutionsträume des Jahres 1918 eine Identitätsbildungsdebatte der späten Habsburgerzeit, muss sie aber in die Epoche einer jungen, verunsicherten Republik tragen, die ihrem eigenen staatlichen Bestand misstraut, eine Aufwertung der Länder erfährt, Anschluss-Fantasien an Deutschland erlebt – und vor allem dem Zentrum Wien in tiefer Ablehnung gegenübersteht. «Haben und Sein einer Kultur», argumentiert der Kulturwissenschafter Johannes Domsich, «entpuppen sich als mediales Phänomen». Einer Kultur müsse es gelingen, so Domsich «ihr Gedächtnis zu bewahren und sie vor fremden Gedächtnissen zu beschützen.»[93] Für den Neubeginn nach 1918 trifft dieser identitätspoetologische Zugang vollends zu.

«Ein Reich geht zugrunde. Ein Thron stürzt. Ein Volk erhebt sich. Neue Staatsordnung wird gehämmert. Neue Weltordnungen dämmern. Nichts Bestehendes bleibt in alten Kreisen», schreibt die bekannte Journalistin und Salonière Berta Zuckerkandl am 24. Jänner 1919 – und sieht eine neue Sendung Österreichs vor ihrem geistigen Auge [und dem Projekt ihrer Freunde um Hugo von Hofmannsthal und Max Reinhardt] aufziehen: «Ein Mozart-Festspielhaus in Salzburg, ein dem Göttlichen [!] geweihter Tempel [...] als Sinnbild des unzerstörbaren Oesterreichertums, als Wahrzeichen unverwüstbarer Wesensart.»[94] Der Rodauner Hugo von Hofmannsthal, der mit seiner Familie fassungslos den Niedergang der Monarchie und die Tage des Umsturzes im November 1918 vom Rand der Stadt her miterlebt, sollte zur Triebfeder einer Identitätsdebatte werden, die als Gegenbild zu Deutschland anti-idealistisch und auch anti-urbanistisch ausgelegt ist und die in ihren Harmonieidealen weit in die Geschichte des monarchistischen Österreichs bis in die Zeit des Barock zurückgreift. Hofmannsthal hatte mit Werken zwischen dem «*Chandos-Brief*» und den *Andreas*-Fragmenten seine Stellung in einer sprachskeptischen, antinaturalistischen Moderne eigentlich gefestigt gehabt. Doch in den 1920er Jahren vollzieht er, gerade durch seinen Beitrag zur Begründung der Salzburger Festspiele und in der Suche nach seinem eigenen Standort als Schriftsteller im kleinen Deutschösterreich eine wesentliche Wende und hilft mit, eine traditionsbewahrende Form der Kultur zu formulieren, die durchaus in Strömungen wie dem aufkommenden Faschismus in Italien passt. Hofmannthals Betonung von Sendung und Tradition kehrt 1945 wieder, wenn interessanterweise just der Kommunist Ernst Fischer die Zukunft Österreichs aus der Herkunft seiner Traditionen ableitet. Gegen den von den Alliierten gebrachten Internationalismus scheint man, zumindest auf der Ebene des Geschichtsnarrativs, immun. Auch Hugo Portisch wird diesen internationalen Einfluss in seiner Doku-Serie «Österreich II» vernachlässigen.

In der Nachkriegskulturzeitschrift *Neue Wege*, immerhin bis in die 1970er Jahre Einstiegsportal für junge Literatinnen und Literaten, liest man noch im September 1950 folgende «Einführung» zum «Salzburger großen Welttheater», gezeichnet von Maria Ianama-Sternegg: «Der Österreicher aber ist ein Mensch, der den Himmel zu sich herabzieht und die Erde mit seinem Licht verklärt und daher ist auch auf unserem Boden die barocke Ideenwelt zu jeder Zeit präsent geblieben. [...] Hofmannsthal hat es verstanden, in der Sprache zu uns zu reden, die jedem Österreicher verständlich ist.»[95]

Die 1919 noch von Berta Zuckerkandl als erlösende Tat stilisierte Einrichtung der Salzburger Festspiele wird freilich nicht sofort als europäisches Friedensprojekt gestartet. Zunächst dient sie einer Beantwortung zur österreichischen Positionierung gegenüber der Moderne, sie dient der Ausformulierung einer positiv gedachten, projektiven Identität. Und sie ist, gerade etwa mit dem Topos einer Abkehr von der Stadt auch deutlich in den Debatten und Irritationen der Zeit verhaftet.

Auch der Weltbürger Reinhardt wird mit seiner *Denkschrift von 1917 zur Errichtung eines Festspielhauses*, als er sich der Salzburger Festspielhausgemeinde empfehlen mag, deutlich antiurbanistische Positionen bemühen, und er schreibt, «an einem schönen Ort, abseits vom Alltagsgetriebe der Großstadt» möge «die höchste Kultur des heutigen Theaters» zusammengeführt werden. «Erneut zeigt sich in diesem Zusammenhang», so Norbert Christian Wolf, «dass die antiurbane Stoßrichtung [des] Salzburger Festspielgedankens generell antimodern(istisch)e und antidemokratische Implikationen hat, wobei hier auch an die kulturpolitischen Folgen des Verfassungs- und Regierungswechsels in dem plötzlich zu einem Zwergenstaat geschrumpften Österreich sowie in dessen Hauptstadt Wien zu denken ist.» Seit Reinhardts Denkschrift, so Wolf, sei zudem eine folgenschwere Gegenüberstellung von Lebendig-Organischem und Künstlich-Mechanischem geschaffen worden. Die antimoderne Skepsis gegen die Stadt (obwohl man in ihr lebt) wird mit diesen Debatten ebenso grundiert wie ein anderes Moment, das Österreich deutlich vom aufziehenden Faschismus und Nationalsozialismus unterscheiden wird: die mangelnde Technikbegeisterung im Land.

Für das Modell Salzburg werden die Positionen des «lebendig-organischen» Charakters samt der Einfühlsamkeit und der Traditionsgesetzlichkeit ins Spiel gebracht. Wo diese harmonische Verbindung gestört wird, da liegt die Stadt. Noch bei Thomas Bernhard, aber auch Peter Handke – man könnte hier treffenderweise Handkes Salzburg-Roman *Der Chinese des Schmerzes* nennen – ist die Flucht aus einer als ungesund empfundenen Stadt an die Ränder für das Erzähler-Ich als überlebenswichtig gedacht. Früher, so hört man es noch bei Bernhard durch, wären die Städte noch weniger entfremdend gewesen als in der erzählten Gegenwart: «Das waren noch Zeiten, dachte ich auf dem Ohrensessel, wie noch Pferdewagen vor den Milchgeschäften Halt gemacht haben in der Nacht und ich mitten auf dem Rennweg und quer über den Schwarzenbergplatz und den vollkommen leeren Ring entlang hab nach Hause gehen können ohne fürchten zu müssen, überfahren zu werden», reflektiert etwa der Erzähler in Bernhards *Holzfällen*.[96] «Wenn ich einbiege in meinen Bezirk», liest man in Ingeborg Bachmanns *Malina*, «lässt die Spannung nach [und] ich werde, obwohl ich schneller gehe, endlich ganz still und dinglich vor Glück. Nichts ist mir sicherer als dieses Stück der Gasse, [...] in der Nacht stürze ich auf das Haustor zu, mit dem Schlüssel in der Hand, und wieder kommt der bedankte Moment, wo der Schlüssel sperrt, das Tor aufgeht, die Tür aufgeht.»[97]

Die besondere Sendung einer dezidiert nicht urbanen Gegend greift auch der seit Kriegsende in Salzburg lebende Stefan Zweig auf, wenn er, zweifelsohne im Auftrag für die jungen Festspiele, 1925 im Aufsatz *Salzburg: Die Stadt als Rahmen* Salzburg als einen Ort stilisiert, in dem sich die «Dissonanzen in Harmonie» auflösten. «Von den Höhen des Gaisbergs» kommend oder den Niederungen «vom bayrischen Flachland» wird Salzburg mit seiner Festung als «zweitausendjährige Trireme aus hellen Quadern» beschrieben, als «Schiff», das «durch die Zeit» gerudert wird und «doch ewig an gleicher Stelle» steht, «bald den Bug, den scharfen, mit Mastturm und Wimpel dem Blicke blendend zugewandt, bald die Breitseite mit hundert Luken und Fenstern». Um «das leuchtende Schiff rauscht wie weißer Schaum inmitten einer grünen Flut die kleine uralte Stadt», von Anbeginn hätten «ihre ersten Fürsten» sie «so zum Instrument gebaut», um festlichen und heiteren Stunden «Resonanz zu geben»: «nicht zu Wehr und Krieg wurde sie wie die meisten deutschen Städte eng zusammengedrückt in einen Gürtel von Mauern – immer war ihrer Stimme, ihrer Lunge Raum frei ins Weite.»[98] Dass sich später in der österreichischen Literaturgeschichte rund um Salzburg und seinem Innergebirge eine Landschaft der ‹Atemabschnürung› bilden würde, ist in diesen Texten, die zweifelsohne im Schatten der Hofmannsthalschen Sendung stehen, fremd. Das Zu-Sich-Kommen der Kunst – Hofmannsthal hat es im Gefolge der Nadlerschen Literaturbetrachtung auch als Zu-Sich- und Zusammenkommen der Stämme formuliert – ist auch das Ziel der Schlussbetrachtung Zweigs, die ebenso tief in die Kiste der «lebendig-organischen» Richtigkeit greift: «Hier müssen nicht Kulissen aus Pappe und Leinwand mühsam herangeschoben werden, um theatralischen Schein zu erzeugen, hier ist Gasse und Hof, Kirche und Landschaft selbst eine lebendige Kulisse und bewegter Rahmen. Und wenn festliches Spiel in ihr nun wieder beginnt, so wird nichts Fremdes gewaltsam der Stadt eingezwungen, sondern nur der in Stein eingegrabene Gedanke ihrer einstigen Herren und Gestalter wieder wahrhaft erfüllt und die eingefrorene Musik, die innere Melodik ihrer Gegenwart bewusst und aufrauschend wieder zum Tönen gebracht.»[99]

Wer heute Eröffnungsreden zu den Salzburger Festspielen hört, bekommt nicht selten von der Politik immer noch diese Versatzstücke einer Verklärungskonstruktion serviert. Zwar spart man heute nicht mehr die, wie es gerne heißt, «dunklen Kapitel» der Geschichte aus, doch bedient man sich der einzelnen Etappen der Geschichte sehr nach den eigenen Redebedürfnissen.

Der Spagat zwischen Moderne und einer Sehnsucht in Richtung der Zeiten vor 1789, wie sie Hofmannsthal mit seiner stammesgeschichtlich unterfütterten konservativen Revolution artikuliert, vor allem im Aufsatz «*Das Schrifttum als geistiger Raum der Nation*», ist nicht ohne Risiko. Die *missio austriaca* als «Idee einer katholischen Mission», so der Germanist Gerald Stieg, wird nicht lange als Speerspitze gegen den Nationalsozialismus taugen – zumal viele Prominente dieser Mission nicht zuletzt auch in Salzburg, im Lager der Nationalsozialisten landen werden. «Das Moderne» an dieser Mission, so Stieg, «ist allenfalls die Abkehr vom Individualismus, die prononcierte Sehnsucht nach einer übergeordneten Gemeinschaft. Österreich teilt damit durchaus, wenn auch österreichisch gemildert, die Fundamente der beiden Feind-Ideologien, Bolschewismus und paganistisch-nationaler Faschismus. Es handelt sich dabei um eine Art Kulturfaschismus, gemildert durch Mozart, Calderon und das von Hofmannsthal geliebte 18. Jahrhundert».[100]

Bis in die Gegenwart durchzieht alle politischen, aber auch (sozial-)medialen Debatten der Generalverdacht gegenüber einer linken Hegemonie, die alles Überkommene stürzen wolle. Die Kultur war stets Austragungsort für diese Frontstellungen.

Alle prägenden Debatten um die weitere Ausgestaltung der Moderne werden ab der Mitte der 1930er Jahre nicht mehr auf österreichischem Boden geführt, und es ist eine bittere Ironie der Geschichte, dass nicht zuletzt Weltbürger wie Reinhardt und Zweig Opfer gerade jener Saat werden, an deren Aussaat sie mittelbar beteiligt waren. Vom «großen Welttheaterschwindel» spricht bereits 1922 Karl Kraus, der dezidiert nicht im Lager Hofmannsthals steht. Als mächtiger Priester im Feld weiß Kraus natürlich um seine Wirkungsmacht in der Ausdeutung von Kulturpolitik. «Ich weiß nicht, ob eine

Kirche noch geschändet werden kann, die während eines Weltkrieges, der als internationales Gaunerstück sicherlich nur der Prolog im großen Welttheater war, das Walten der giftigen Gase gesegnet und dem ihm die Muttergottes mit der Kriegsmedaille dekoriert hat», schreibt Kraus: «Wenn aber an dieser Kirche, aus der Gott schon ausgetreten sein dürfte, bevor sie den Welttheateragenten ihre Kulissen und den Komödianten ihren Weihrauch zur Verfügung stellte, wenn an dieser Kirche noch etwas zu schänden war, so dürfte es doch jener Altar sein, der den Herren Reinhardt, Moissi und Hofmannsthal, diesen tribus parvis impostoribus als Versatzstück gedient hat, damit sie an ihm etwas verrichten, was ein blasphemischer Hohn ist auf alle Notdurft dieser Menschheit.»[101]

Hofmannsthal wollte einen «konservativ-revolutionären» Akt der Sinnstiftung gegen die schwere geistige Krise Europas, die für ihn die Nachkriegszeit kennzeichnete – und er, der einstige Modernist, rückt dem Humanitätsbegriff mit der Monstranz auf den Leib. Die radikalen Auseinandersetzungen um die Moderne fanden ab den 1920er Jahren auf allen Terrains statt, nur wurden sie nie Teil der Identitätsfindung Österreichs.

Als der frühere ORF-Generalintendant Gerd Bacher im Orwell-Jahr 1984 der «Beifallsgesellschaft und ihren Massenmedien» zur Eröffnung der Salzburger Festspiele die Leviten las, da hatte er mit dem Elitenbegriff der Salzburger Festspiele (und der damals diskutierten konservativen Ausrichtung des Festivals) das geringste Problem, galten seine Spitzen doch den modischen ‹Happening-Gurus›, die Bacher als

Endmoränen einer Wohlstandsverwahrlosung deuten wollte. Nicht der konservative Geist also störte den Medienmann, sondern das Fehlen der «Menschheitsbeweger» nach 1945, die es in der Zwischenkriegszeit sehr wohl gegeben habe. «Ich hätte anstelle der Salzburger keine Sorgen, dass es hier exklusiv oder gar elitär zuginge», so Bacher damals: «Wichtig ist mir, darüber nachzudenken, warum bei aller Großartigkeit dieser erfolgreichsten Festspiele nach dem Zweiten Weltkrieg nicht mehr jener Aufbruch, jenes intellektuelle Pathos zu vernehmen sind, die an der Wiege der Salzburger Festspiele nach dem ersten Teil des europäischen Bürgerkriegs standen. 1918 war in salzburgischen Dimensionen mehr zusammengebrochen als 1945. [...] Reinhardt und Hofmannsthal waren nicht nur Veranstalter, sie waren und wollten Menschenbeweger sein.»[102]

Diese Zuschreibung ist schon insofern charakteristisch für ein Einstellungsmuster in Österreich, weil hier Mitte der 1980er Jahre die Zäsur 1918 als gravierender angesehen wird als der Zweite Weltkrieg und dessen Folgen. Einer der «Menschenbeweger» musste ja vor den Nazis ins Exil flüchten. Ein Dirigent wie Arturo Toscanini, der sich nach dem so genannten «Anschluss» geweigert hatte, bei den Festspielen aufzutreten, war nicht mehr nach Salzburg eingeladen worden. Bacher beschwor damit das ohnedies eingeübte Bild der in Salzburg wirkenden Kontinuitäten. Die Gründe für das Fehlen der «Menschenbeweger» wurden ausgespart.

Positionen zur Verbindung von Tradition und Moderne, und damit zur Wieder(er)findung waren in der Zwischenkriegszeit vorgeprägt. Und man könnte, gerade mit Blick auf die junge Zweite Republik folgern: Es war nicht zuletzt das Personal aus der Zeit vor 1938, das entscheidend für die Identitätsphrasierung des Landes in der «Stunde Null» wurde. So sind die Kulturkämpfe der Ersten Republik prägend für die Kultureinstellung der Zweiten. Für die Erste Republik hieß dies: Während auf der Seite der Sozialdemokratie die Anschlussfantasmen an Deutschland bis zum verheerenden Interview Karl Renners 1938, in dem er sich zum ‹Anschluss› an das Hitler-Reich bekennt, nicht abebben wollen, ringt man auf der anderen Seite um eine Positionsbestimmung Österreichs aus einem alten Sendungsgedanken. Ohnedies wäre an dieser Stelle noch die Debatte zu führen, wie viele Katholizismen dieses Land nicht zuletzt in seiner politischen Bildung geprägt haben, seit Franz I. um 1800 die Restauration gegen den Geist Josephs II. gestartet hat, damit aber nicht nur die konservativen Kräfte der Kirche stimulierte. Auch der österreichische Reformkatholizismus, wie er dann ab den 1970er Jahren wieder hoch im Kurs steht, hatte im Schatten der Restauration seine Geburtsstunde und schimmerte gerade in verschiedenen Abschnitten der Geschichte immer wieder durch.

Der in den politischen Kämpfen der jungen Republik im linken Lager so gehasste Prälat und Kanzler Ignaz Seipel etwa hat seine Ablehnung eines künstlich erzeugten Nationalbewusstseins Österreichs in einem bekannten Brief an den Delegierten der Österreichischen Bundesbahnen in Paris, W. Bauer, so begründet: «Das ist keine gute deutsche und keine österreichische Konzeption, sondern eine weltfremde französische oder tschechische Vorstellung. Das heutige Österreich hat niemals allein gelebt – die Österreicher sind in ihrer ganzen Geschichte und Art nach Großstadtmenschen.»[103] Zwei Jahre davor hatte Seipel an der Sorbonne in Paris den Vortrag zum Thema «Österreich, wie es wirklich ist» gehalten, in dem er die Brückenfunktion Österreichs zwischen Ost und West betonte. Wie in den Reden davor wollte er all jenen das Terrain streitig machen, die auch das fehlende Nationalgefühl Österreichs als wesentlichen Grund für den Anschlusswunsch an Deutschland genannt hatten. «Woher sollen wir das große Staatsgefühl haben, nicht ganz sechs Jahre nach Saint-Germain?», so Seipel wenige Wochen davor in Berlin bei der Rede «Das wahre Antlitz Österreichs».

Die Sozialdemokraten blieben dagegen in dieser Phase «gerade aus ihrer Feindschaft zu den Schwarzen und Schwarzgelben», wie Friedrich Heer schreibt, in ihrem unbedingten Anschlussglauben.[104] Noch im Exil drückt es etwa der bekannte sozialdemokratische Journalist und Aktivist Karl Hans Sailer so aus: «Es kann kein Zweifel bestehen, dass Österreich deutscher Boden ist. Jeder Versuch, den Unterschied zwischen den Österreichern und den übrigen Deutschen zu vergrößern und sogar von einer eigenen ‹österreichischen Nation› zu sprechen, hat sich als niedrige Agentenarbeit erwiesen.» Die «österreichische Nation», so Sailer (mit einem fast Seipelschen Echo), sei eine Erfindung der französischen Propaganda.[105]

Wenn die Erstürmung des Justizpalastes 1927 im Gefolge des Schattendorfer Urteils für die Sozialdemokraten wie den damaligen Kanzler in gleichem Maße überraschend in den Auswirkungen war, so leitet 1927, wie Heer erinnert, eine entscheidende Wende ein: Dieses Jahr befeuert den Glauben bei Seipel, am Anfang einer roten Revolution zu stehen, dem die «formale» österreichische Demokratie nicht gewachsen sei. «Hier», so Heer, «beginnt Seipels Weg in den Abgrund, auf dem ihn Dollfuß und Schuschnigg folgen». Seipel berufe, so Heer, die Heimwehr als Hüterin der «wahren Demokratie», fordere das «Wegräumen des revolutionären Schuttes» und plädiere für «eine Autokratie der Kirche».[106]

Diese Wende von 1927 ist auch für das Österreich-Bild der kommenden Jahre prägend, weil die besondere Sendung Österreichs in der Welt erstens nie dezidiert österreichisch-nationalistisch argumentiert wird, sondern zweitens immer mit einem Wissen auf das größere Ganze operiert, bei dem drittens Deutschland trotzdem die entscheidende Bezugsgröße bleibt. Anders agiert die Sozialdemokratie, die noch 1928, zum 100. Todestag von Franz Schubert, auf dem riesigen 10. Deutschen Sängerbundfest in Wien (19. bis 21. Juli 1928) gleich die Verbrüderung der sozialdemokratischen und deutsch-völkischen Österreicher mit den «deutschen Brüdern» demonstriert.

Bei der berühmten «Rede über Österreich» von Anton Wildgans 1929 (die er, krankheitsbedingt, nicht am Republiksgeburtstag, dem 12. November 1929, in Stockholm, sondern knapp drei Monate später als Neujahrsrede in der RAVAG hält) wird die moralisch herausragende Stellung Österreichs beinahe auf die Spitze getrieben: Bei Wildgans, anders als bei

Hofmannsthal, kommt immerhin Wien die Rolle in der Bildung eines österreichischen Bewusstseins eine Vorzugsstellung zu. Wien habe, so erinnert Wildgans, «mehr als einmal den Einbruch des asiatischen Chaos in die abendländische Kultur aufgehalten».[107] Mehr noch: «Eben dieses Wien, die Kaiserstadt an der Donau, war zu einer Zeit, da Deutschland sich noch lange nicht seiner gewaltigen Volkseinheit bewusst war, die erste eigentliche Großstadt auf deutschem Boden, ja mehr als dies: neben London, Paris und Rom die deutsche Weltstadt katexochen in Europa. Und in ihr, aber auch sonst in Österreich, unter den Ausstrahlungen ihres politischen und kulturellen Lebens, bildete sich im Laufe der Jahrhunderte ein Typus heraus, den ich am liebsten bezeichnen möchte als den österreichischen Menschen.»

Von diesem Menschen legt Wildgans wie übrigens drei Jahre nach ihm auch Dollfuß zum Geist einer überlegenen Sendung Zeugnis ab. Wildgans bemüht in seiner Rede immer wieder eine Poetik «der furchtbarsten Prüfung», die aber zur Formung des österreichischen Charakters entscheidend beigetragen habe – von «eben jene[m] österreichische[n] Menschentum, welches ein Ergebnis ist seiner besonderen Geschichte, seiner Kultur und seiner natürlichen Anlagen». Die Geschichte habe «den Österreicher leben und werden lassen in einem Staatswesen, in dem die Deutschen der Zahl nach zwar immer Minorität, ihrer politischen und kulturellen Rolle nach aber das Führer- und Staatsvolk waren. So lernte der österreichische Mensch zweierlei: Psychologie und das Dienen an einer Idee! Denn Führerschaft, wenn sie nicht bloß auf brutale Gewalt gegründet ist – und eine solche war schon durch die Minderzahl der Deutschen in der Monarchie unmöglich! – denn Führerschaft ist immer auch Richterschaft, und diese erfordert hinwiederum ein Über-den-Parteien-stehen, welches im gegebenen Falle identisch war mit einem Stehen über den Nationalitäten. So lernte der Deutschösterreicher alles, was er in Bezug auf den Gesamtstaat dachte und aussprach, in so und so viele andere Sprachen übersetzen, und begegnete dabei der geheimnisvollen Tatsache, dass jeder Satz der eigenen Sprache, ob auch in der fremden dem Sinne nach gleich, dennoch in dieser nicht nur phonetisch, sondern auch seelisch einen anderen Klang hat. So wurde er zu einem Menschen, der sich hineindenken konnte, ja, hineindenken mußte in fremde nationale Gefühlswelten, in fremde Volksseelen, so wurde er Völkerkenner, Menschenkenner, Seelenkenner, mit einem Wort: Psychologe. Und Psychologie ist alles! Und Psychologie ist Pflicht im Zusammenleben der Menschen und Völker!»[108] Der österreichische Mensch bei Wildgans, so der Experte für die größeren Zusammenhänge in der österreichischen Literatur Klaus Kastberger, beziehe «die übermächtige Tradition auf die neue Enge seiner Umgebung», tue dies aber «nicht für sich allein». Die nationale Prägung dient wieder nur dem Distinktionszweck: der Unterscheidung vom Deutschen. «Nach Wildgans ist der Österreicher einfach der bessere Deutsche», so Kastberger: «Während dem einen der Fleiß oft zur sinnlosen Form wird […], nimmt es der andere aus den Erfahrungen heraus, die er im Vielvölkerstaat gemacht hat, damit bedeutend lockerer. Gerade darauf aber könne der Österreicher stolz sein, dass er ein Humanum hat, von dem andere nur träumen können.»[109] Die Überlegenheit des Österreichers verdankt sich einer langen Sendung im Deutsch-Römischen Kaiserreich. Mehr ‹stammespsychologisches Weltbürgertum› geht nicht. Und hier unterscheidet sich der österreichische Stammes-Romantizismus von konservativen bis nationalsozialistischen Strömungen in der Weimarer Republik deutlich. Ein prägender Aspekt der nationalsozialistischen Bewegung, so befand der Soziologe Talcott Parsons, «war die Mobilisierung sehr tief sitzender romantischer Tendenzen, die in eine gewalttätige politische Bewegung samt einer fundamentalistischen Revolte gegen die gesamten Rationalisierungen der westlichen Welt übersetzt wurde».[110] Zieht man zu diesem Befund noch die Charakterisierung Jeffrey Herfs zur reaktionären Moderne des aufziehenden Dritten Reichs hinzu, dann ist die Re-Romantisierung Deutschlands mit einer ungemeinen Technikbegeisterung gekoppelt. Denn, so Herf zu den Einsichten der Nazi-Ideologen: «Der Staat kann nicht als stark gedacht werden und zugleich technologisch rückständig sein.»[111]

Österreich verhält sich hier eher defensiv, mobilisiert dagegen umso mehr moralische Überlegenheitsgesten. Einer der Motoren für eine katholisch österreichisch grundierte Verteidigung des Abendlandes war der adelige Schriftsteller Karl Anton Rohan, der mit seinem 1924 gegründeten Europäischen Kulturbund und der Herausgabe der *Europäischen Revue* bis 1936 den Platz eines Ideologen im Hintergrund zwischen den Kanzlerschaften Ignaz Seipel bis Kurt Schuschnigg eingenommen hatte. Für Rohan, der sich mit seinem Kulturbund 1932 am «Volta Kongress» der italienischen Faschisten beteiligte, stellte der italienische Faschismus die erste erfolgreiche gelungene Gegenrevolution zur Französischen Revolution 1789 dar. Rohan sollte zu einem der «Brückenbauer» zum Nationalsozialismus werden und bereits 1935 der NSDAP beitreten, obwohl er bis zum so genannten «Anschluss» seine, wie Guido Müller schreibt, «deutsch-österreichische und jungkonservativ-katholische Position» nicht aufgeben wollte.[112] In der selbsterklärten Feindschaft zum Liberalismus und Bolschewismus sollte Rohan nicht der einzige Proponent der konservativen Revolution in Österreich sein. Direkt nach 1945 sind damalige Annäherungen dieses Zuschnitts nicht Thema, eher wird erneut zur Tradition und zum Haus Habsburg gegriffen. Die besondere kulturelle Sendung steht wieder im Vordergrund. Alle großdeutschen Anklänge sind in diesem Konzert der Kultur ausgespart.

Sieben. «Wiener Gemurksel»: Überlegenheitssehnsüchte 1938–45

Für Österreichs kulturelles Überlegenheitsgefühl nennt der Zeithistoriker Oliver Rathkolb eine Reihe von Wurzeln: Das Dollfuß-Schuschnigg-Regime habe dieses Überlegenheitsgefühl ebenso geprägt wie der Kommunist Ernst Fischer nach dem Zweiten Weltkrieg – auch im Verbund mit der Kulturpolitik der Sowjets nach 1945 in Österreich. Als Scharnier in der Mitte steht für Rathkolb der Gauleiter und Reichsstatthalter des Hitler-Regimes in Wien, Baldur von Schirach, mit seiner in Wien umgesetzten Kulturpolitik. Schon als Reichsjugendführer des «Dritten Reichs» hat von Schirach die Kulturagenden genutzt, um etwa Johann Wolfgang von Goethe zum Sinnbild deutschen Führertums und deutscher Größe zu stilisieren. «Zum ersten Male hat sich ein verantwortlicher Funktionär des Reiches mit Goethe und seiner Stellung im Kulturwollen des Nationalsozialismus befasst», kommentiert der US-Germanist W. Daniel Wilson das Lob von Joseph Goebbels zu Schirachs «Goethe-Rede» im Jahr 1937.[113] Als Gauleiter und Reichsstatthalter nach Wien war von Schirach 1940 als Nachfolger des in den Wiener Zirkeln sehr unbeliebten Josef Bürckel gekommen, nachdem dieser, wie Hitler es nannte, «nicht mit dem Wiener Gemurksel» zurecht kam.[114] Von Schirach dagegen setzte im Umgang mit den Wienern auf Geschmeidigkeit und nutzte dazu sehr geschickt die Kultur. Von Schirach, der laut Rathkolb seine Versetzung in den Osten als Schmach empfunden habe, hätte hier eine zunehmend eigensinnige Positionierung betrieben und Wien gerade im Kulturbereich als Gegenpol zu Berlin in Stellung gebracht. Wien solle gegen Linz und Graz nicht bevorzugt werden, rekapitulierte Joseph Goebbels die Haltung Hitlers damals. Schon bei einem Wien-Besuch im Frühsommer 1938 hatte Goebbels festgehalten: «Noch lange mit unseren Leuten palavert. Bürckel macht hier in Wien schwere Fehler. Ein kleiner pfälzischer Schulmeister als Nachfolger der Habsburger. Das ist ein bisschen wenig. Die Leute hier sind ein wenig unglücklich. Und das mit Recht.»[115] Von Schirach leitete seit seinem Amtsantritt 1940 einen anderen Stil ein, am Anfang zum Erstaunen, am Ende auch zum Ärger der Reichskanzlei in Berlin. «Bereits in seiner ersten vertraulichen politischen Rede am 14. August 1940 vor Gauamtsleitern und Kreisleitern wurde klar, dass Baldur von Schirach eine andere Politik betreiben würde als sein Vorgänger Josef Bürckel, sowohl was seine eigene Stellung als auch jene der NSDAP in Wien betraf», analysiert Rathkolb. Von Schirach habe auch später vor anderen NSDAP-Politikern am Ballhausplatz demonstriert, «er sitze im Zimmer von Metternich, und zwar neben dem Saal, in dem der Wiener Kongress 1814/15 stattgefunden» habe.[116] Mit der Wiederbelebung der klassischen österreichischen Kulturtradition und deren Eingliederung in den deutschen Kulturzusammenhang, die von Schirach zum Erhalt der nationalsozialistischen Herrschaft benutzt habe, sei ihm noch eine andere Grundsteinlegung gelungen, argumentiert der Historiker: «Die Wiederbelebung der klassischen österreichischen Kulturtraditionen hatte in psychologischer Hinsicht deutliche Konsequenzen für die Nichtbewältigung der politischen Vergangenheit in Österreich: Das Publikum in Österreich entwickelte aufgrund des Drucks der Kriegsereignisse eine Art verdeckte Österreich-Identität durch die Flucht in altösterreichische, meist konservative Kulturtraditionen.»[117]

Die Indienstnahme der Kultur für politische Zwecke kann von Schirach im Zuge seiner langen Sozialisation im Dienst der Nazis lange studieren. In Wien setzt er sie dann theatral um. «In Wien spricht er nicht über die österreichische Kultur, auch nicht nur über eine rein deutsche, nationalsozialistische Kultur; vielmehr hat er den Topos der Wiener Kultur erfunden», skizziert Rathkolb von Schirachs perfiden wie geschickten Brückenschlag.[118] Statt Maßnahmen in der Sozialpolitik erfolgte die großzügige Ausstattung von Kultureinrichtungen. Die Staatsoper hatte weder vor noch nach 1945 Mittel, wie unter von Schirach, der ja auch keine Berührungsängste zur Kultur der Monarchie zeigte, wenngleich er die Habsburger nie ausdrücklich erwähnte. In der Behandlung und Protegierung bestimmter Künstler reizte von Schirach in Wien jedenfalls einen großen Spielraum aus; Hitlers und Goebbels' Geschmack war deutlich konservativer.

Der Anti-Wien-Reflex Hitlers wurde nicht unwesentlich durch die Art der Politik von Schirachs in Wien verstärkt. Nach der Befreiung Wiens passiert für den Historiker Rathkolb etwas sehr Bemerkenswertes: «Manchmal habe ich das Gefühl, dass die sowjetischen Planungsoffiziere genau studiert haben, was von Schirach in Wien gemacht hat bzw. gesehen, was schon vor 1938 als eine Art Zusammenhalt für dieses kleine, ökonomisch, sozial, kulturell geschlagene Restösterreich wichtig war. Die Sowjets machen nichts anderes, als die vorhandenen Kulturinstitutionen zu fördern, die von Schirach zur Blüte geführt hat: das Burgtheater, die Staatsoper und andere Institutionen des Kulturbetriebs.«[119] Die Sowjets hätten versucht, den Kulturbetrieb auf höchstem Niveau fortzusetzen, so der Historiker. Die Datenlage bestätige das: Clemens Krauss, der schon sehr früh mit den Nazis kollaboriert hatte, sollte das erste Nachkriegskonzert mit den Philharmonikern im Konzerthaus am 27. April 1945 leiten. Der Auftrag, mit dem die Sowjets unterwegs waren, liegt klar auf der Hand: Stabilität zu signalisieren und auch den Österreichern Größe zu geben. Und die Größe ist in dem Fall die Kultur. Das setze, so Rathkolb, bei Baldur von Schirach und seinem Umgang mit den Wienern gerade in der Art an, wie er die Wiener Kultur in den Rang von etwas Herausragendem stellte. Und das setze sich beim Schriftsteller und Politiker Ernst Fischer fort, dem exilierten Kommunisten und ersten Staatssekretär für Volksaufklärung, Unterricht, Erziehung und Kultusangelegenheiten in der provisorischen Regierung Renner 1945.

Fischer schreibt bereits 1944 im Exil in London eine Broschüre über den österreichischen Volkscharakter und bringt diese 1945 auch auf Deutsch heraus. Während der Österreich-Begriff um den sieben Jahre davor noch ziemlich anschlusswilligen ersten Kanzler der Zweiten Republik, Karl Renner, sehr pragmatisch, funktional bis gefällig ausgestaltet ist (und aus politischen Gründen und der Verantwortung für den Krieg die bewusste Unterscheidung zu Deutschland gesucht wird), unterstellt Fischer einen genuin österreichischen Volkscharakter, der bis ins 18. Jahrhundert zurückreiche. Bedenkt man die Leugnung eines genuinen Österreich-Begriffs etwa im Exil-Lager des «Austrian Labor Comittee», dann passiert hier eine Reorientierung und Neuausrichtung sehr schnell. Die Große Koalition in Österreich, so argumentiert Rathkolb, nicht zuletzt die ÖVP-Unterrichtsminister Felix Hurdes bis Heinrich Drimmel, hätten das Österreich-Gefühl von Fischer aufgegriffen und weiter forciert, allerdings wieder stärker auf die Monarchie und das barocke Imperiale zurückgegriffen.

Betont werden in der Zweiten Republik die großen Leistungen unter Maria Theresia und Joseph II. Und es entsteht nicht zuletzt ein Vereinheitlichungsnarrativ zur österreichischen Geschichte, bei dem die Aufklärung als ein staatlich gelenktes Unterfangen dasteht. Österreich hatte wieder sein langes Sendungsbewusstsein. Und seine herausragende Stellung.

Ilse Aichinger, Porträt vom 9. November 1971.

Acht. Rückgriff statt Zäsur:
Österreichs moderate Moderne nach 1945

Im September 1945, exakt sechs Jahre nach Beginn des Zweiten Weltkriegs, erscheint im *Wiener Kurier* ein vielleicht auf den ersten Blick unscheinbarer Text. *Das vierte Tor*, so der Titel der Erzählung, die in so gar kein bisher bekanntes Genre zu passen scheint.[120] Die aber eines tut: Sie benennt. Radikal. Und in einer Form der Moderne, die in der deutschsprachigen Literatur um die ‹Stunde Null› und des ‹Resets› nach der Nazizeit unerhört in der Verdichtung von Wahrnehmungen dasteht. Lange vor den Texten einer Ingeborg Bachmann zeigt hier jemand im Ringen um präzise sprachliche Anschauung auf.

Die Autorin des Texts ist die junge Ilse Aichinger, gefördert damals vom Kulturleiter des *Wiener Kuriers*, Zeno von Liebl und seiner Frau Elisabeth von Liebl, vormals «Bobbie» Euler-Löcker. Die Liebls, tätig für die Medien, die von den West-Alliierten angestoßen wurden (dem *Wiener Kurier* von den Amerikanern und der *Europäischen Revue* der Franzosen), wollten nicht zuletzt Förderer einer neuen, jungen Generation von Künstlerinnen und Künstlern sein. Aichinger, nach den Kriterien der Nazis «Halbjüdin», hatte den Krieg mit ihrer Mutter in Wien überdauert, hatte sich, wie sie später in ihrer «Rede an die Jugend» sagte, «einer Gruppe von bedrohten jungen Leuten angeschlossen»: «Wir alle waren trotz der Bomben und geheimer Staatspolizei von der Hoffnung erfüllt, gerettet zu werden. Und als der Krieg immer offenkundiger seinem Ende zuging, bekamen wir Angst vor diesem Ende, Angst vor der Befreiung. Davor, dass wir dann vielleicht nicht mehr im Stande sein würden, jeden Tag als den ersten und letzten zu nehmen, davor, dass wir wieder in den Irrtum verfielen, es wäre möglich, jede verweigerte Begegnung, jeden unterlassenen Freundesbeweis doppelt und dreifach nachzuholen, aber später, morgen, übermorgen», so Aichinger im Rückblick 50 Jahre nach Ende des Kriegs.[121]

Als Aichinger 1945 *Das Vierte Tor* veröffentlicht, ist das Pathos der Befreiungswochen, wie es sich etwa im Aufmacher des *Neuen Österreich* vom 23. April 1945 niedergeschlagen hatte, vorbei. In der Zeitung, die schon vor dem offiziellen Kriegsende erschienen war und die sich als «Organ der demokratischen Einigung» verstanden hatte und Personen wie Leopold Figl, den Kommunisten Ernst Fischer oder den Sozialdemokraten Paul Deutsch zusammenbrachte, waren noch Losungen folgender Bauart zu vernehmen: «Österreicher! Zum ersten Mal seit sieben Jahren dürft Ihr nun wieder in aller Öffentlichkeit mit diesem uns allen so teuren Namen angesprochen werden. Die von Millionen Menschen unseres Vaterlandes so lange und so heiß ersehnte Stunde der Befreiung von der nazistischen Zwangherrschaft ist gekommen. […] In der Wiener Stadtverwaltung haben sich Vertreter aller demokratischen Parteien zu einer verheißungsvollen Arbeitsgemeinschaft zusammengefunden. In der Herausgeberschaft und Redaktion dieser ersten im befreiten Österreich erscheinenden Tageszeitung hat sich der gleiche Zusammenschluss vollzogen. Endlich kann in Österreich wieder eine Zeitung erscheinen, die nicht das Werkzeug gleichgeschalteter Lüge, sondern das Sprachrohr demokratischer Wahrheit ist.»[122]

«Die seltsame Situation», erinnert sich die langjährige ORF-Korrespondentin und Journalistin Barbara Coudenhove-Kalergi gegenüber der ORF-Plattform *Topos* an die Wochen der Befreiung, sei gewesen, dass die Lehrerinnen und Lehrer bis zum Sommer 1945 nach den Nazi-Lehrplänen unterrichtet hätten. Nach dem Sommer hätten sich die meisten dadurch aus der Affäre gezogen, «indem sie sehr auf Lokalpatriotismus gesetzt haben», so Coudenhove-Kalergi, die mit ihrer Familie im Mai 1945 von Prag in den Salzburger Lungau geflüchtet war: «Wir wussten alles über die Babenberger, aber die Nazi-Zeit und die jüngere Vergangenheit, die gab es im Unterricht nicht.»[123] Als Schulkind habe man schon den Eindruck bekommen können, dass die Welt 1918 aufgehört habe; die Themen Judenverfolgung und Nationalsozialismus seien einfach nicht vorhanden gewesen. «Die Salzburger Landesregierung hat auf der Felseralm in den Radstädter Tauern ein Jugendlager errichtet, wo sich hundert Mädels des Salzburger Realgymnasiums eine Woche lang bei frohem Spiel und Sport erholten», schildert sie die Stimmung zwischen Heimatkunde und Erholung: «Auf dem Gipfel gab der Lehrer geografische und geologische Erläuterungen. Das Naturerlebnis verband sich mit der Heimatkunde. Und dann ging es wieder talwärts, über einen Hang mit Firnschnee, zum guten Rutsch in die Erholung.»

Die Situation des Landes habe sie eigentlich erst an der Universität Wien ab 1950 wirklich mitbekommen: «Da waren natürlich die jüdischen Professoren weg, die sozialdemokratischen oder irgendwie linken und liberalen Professoren waren weg, und was übrigblieb, war eigentlich so etwas wie eine Neuauflage des Ständestaats.» Und Österreich sei nun einmal unter einem Besatzungsregime gestanden, mit dem Effekt, dass gerade für Mädchen wie sie dadurch auch ein «Fenster zur Welt» aufgegangen sei «in diesem sonst so provinziellen Österreich».[124]

Bei Ilse Aichinger und ihrem ersten veröffentlichten Text ist das Pathos zu den Stunden nach dem Krieg gar nicht existent, und es gibt die Vermutung, dass das Vergessen ein tragendes Element im Wieder-zu-sich-finden sein wird. Denjenigen, die das vierte Tor suchen, bleibt «keine andere Wahl, als beim dritten Tor schon auszusteigen und mit schnellen Schritten die kleine Mauer entlangzugehen, verfolgt von den neugierigen Blicken der Menschen, die vergessen haben, dass es ein viertes gibt. Nur wenige suchen es», heißt es bei Aichinger. Das vierte Tor, es führt zur israelitischen Abteilung des Wiener Zentralfriedhofes, an dem in ihrem Text Kinder spielen, die nicht «behutsam in das Mysterium des Todes eingeweiht wurden». Die Frage, warum die Kinder denn nicht woanders spielten, beantwortet ein Knabe, «ernst und gelassen» mit einem knappen Hinweis: «Konzentrationslager» und wirft danach «seinen Ball in den strahlenden Himmel». «Die Toten tun uns nichts», lässt er ausrichten.[125] Auf dem jüdischen Friedhof blüht derweil der Jasmin, «er blüht restlos und hingegeben, ohne Angst, Hass und Vorbehalt, ohne die traurigen Möglichkeiten des Menschlichen». Wild wächst die Natur über das Heimweh der Emigranten, liest man im Text, der sich so direkt an seine Leserinnen und Leser wendet. Ein Arbeiter geht vorbei, erfährt man danach, er hat unerlaubterweise seinen «Arbeitsrock mit dem gelben Stern» über die Schulter geworfen. Dieser letzte, «verlorene Friedhof, [...] durchblutet, durchglüht und durchströmt vom Puls der Welt, hier am Rand einer geistig getöteten, gefesselten Stadt», dieser Friedhof wird bei Aichinger «zur Insel der Lebendigen».

Drei Jahre, so erfährt man zum Ende, würden in einer «windigen, wilden Aprilnacht am Rande der zitternden erwartungsvollen Stadt die ersten Schrappnelle» aufblitzen. Am Friedhof verläuft die Front, «dort, wo die Tramway nicht einmal eine kleine, einfache Endstation machen wollte, dort ist die erste Station der Freiheit».[126] Aichinger verlegt das Benennen und Erfahren von den Untaten des Krieges zeitlich noch einmal nach vorne und reflektiert einerseits ihren persönlichen prekären Status im Krieg, etwa, wie schwer es war, als Halbjüdin unter ständiger Beobachtung der Geheimen Staatspolizei an Informationen zu gelangen. «Da ich Halbjüdin bin [...], durften wir kein Radio besitzen», reflektiert sie in einem Gespräch mit Hermann Vinke über die Informationen zur Hinrichtung der Geschwister Scholl im Frühling 1943: «Irgendwo sonst einen Auslandssender zu hören, wäre für uns doppelt gefährlich gewesen. Ich habe die Namen [der Geschwister Scholl, Anm. GH] zum ersten

Mal auf einem Anschlag gesehen an einem dieser frühen Vorfrühlingstage, wie es sie im Februar geben kann. Ich sah sie an einer Mauer der inneren Stadt nahe dem jüdischen Tempel, nahe der Residenz der Geheimen Staatspolizei und nahe von Adalbert Stifters ehemaliger Wohnung in Wien, auf einem der unverkennbaren Anschläge, die die zum Tode Verurteilten anprangerten. Dort las ich zum ersten Mal den Namen der Weißen Rose. Ich kannte keinen dieser Namen. Aber ich weiß, dass von ihnen eine unüberbietbare Hoffnung auf mich übersprang. Diese Hoffnung hatte, obwohl sie es uns möglich machte, in dieser Zeit weiterzuleben, doch nichts mit der Hoffnung aufs Überleben zu tun.»[127]

Noch entscheidender als diese persönlichen Anmerkungen von Aichinger ist freilich der Umstand, dass in diesem Text erstmals auch der kollektive Umgang mit der Information der im Konzentrationslager Getöteten angesprochen wird, das Konzentrationslager als direkte Bedrohung in der «geistig getöteten Stadt» benannt ist. Aichingers Wunsch der direkten Benennung wird in dem 1948 erschienenen Roman *Die größere Hoffnung* (1948) münden, den sie im Entstehen mit einigen poetologischen Texten begleiten wird, die ebenfalls in den Organen ihrer Förderer erscheinen. Dass am Ende aber nicht der erwartete Antikriegsroman vorliegt, sondern ein ebenso konzeptionell wie perspektivisch radikal moderner Text, wird die Kritik ihrer Zeit überfordern. Österreich ist da schon längst in das Fahrwasser ästhetisch deutlich zurückgenommener Machwerke in der Literatur abgebogen.

Eine der Plattformen für frühe Texte Aichingers sollte die *Europäische Revue* (1946–1949) sein, herausgegeben vom französischen Pressedienst. Ab der 22. Nummer nannte man mit Zeno von Liebl, der sich ja wie erwähnt bereits beim *Wiener Kurier* etabliert hatte, erstmals namentlich einen Herausgeber. Bis sich österreichische Stimmen in diesem Organ durchsetzen und literarisch Gehör finden konnten, sollte es dauern. Groß war am Anfang die Skepsis, dass auch Österreich noch vom Geist der Nazizeit durchsetzt war, eine Vermutung, der sich kaum widersprechen lässt, blickt man auf die Kulturpolitik der kommenden Jahre und die halbherzige Entnazifizierung, wie sie etwa der nach dem Krieg als Theater- und Musikbeauftragte des US Departements of State zurückkehrende Ernst Lothar deutlich macht: «Zurückblickend muss ich feststellen, dass trotz Vor- und Rücksichten, kaum eine Aufgabe mangelhafter gelöst wurde als [die ‹Entnazifizierung›], und zwar von allen Beteiligten, mich eingeschlossen. Erzielt werden sollte: die Ausschaltung der am Schandregime Beteiligten oder aktiv damit Einverstandenen, als Sühne für sie, als Warnung für die anderen als Grundlage für einen sauberen Neuaufbau. Erzielt wurde: eine schematische, inkonsequente Vergeltung, andauernd von Ausnahmen durchlöchert.»[128]

Die Europäische Revue, die man hier fast als symptomatisch für das Agieren der West-Alliierten betrachten mag, beschwor, wie es ihr Name ausdrückte, einen europäischen Geist, schon aus den Gründen der Pragmatik und den Lehren aus der Abwicklung des Ersten Weltkriegs. Im Versuch,

Österreich an die französische Kultur anzunähern, pries man, wie der Literaturhistoriker Holger Englerth hinweist, die Vorzugsstellung der zeitgenössischen französischen Literatur und verwies in Ausführlichkeit auf die Breite des europäischen Kulturschaffens.[129] Junge heimische Autorinnen und Autoren, die der Literaturkritiker Hans Weigel auch für diese Zeitschrift empfehlen wollte, mussten sich messen mit etablierten Größen wie Alexander Lerneth-Holenia, der für Ausschnitte seines wiederaufgelegten Romans zum Überfall auf Polen aus 1941, unter dem Titel *Mars im Widder*, gleich ganze Serien füllte. Und Weigel stieg mit einem Aufforderungsgedicht als Beitragender in die Revue ein, die für die ästhetische Orientierung des Landes nach 1945 sinnbildlich nichts Gutes verheißen konnte. Oder welche jungen, doch an der modernen Tradition geschulte Autorinnen und Autoren würden sich durch solche Verse wie jenen Weigels zur Mitarbeit stimulieren lassen?

«Tu dich auf, verschließ dich nicht,
Nimm Licht an und spiegle Licht,
Spende es, gib hin, nimm hin,
Sie die Welt, sei mittendrin.

Halt dich einsam nicht am Rand,
Sei den Dingen zugewandt.
Denn die Welt gehört dir zu,
Du bist sie und sie ist du.»[130]

Lernet-Holenias *Mars im Widder* wird in seiner Neuauflage und Verbreitung modellhaft für den Umgang mit der Zeit des Nationalsozialismus. Robert Menasse sieht den in dem Text dargestellten Überfall auf Polen bestenfalls als Kulisse für einen «kleingeheimniskrämerischen Unterhaltungsroman» und nicht als Motor einer Kritik; für die weitere Entwicklung der Literatur in Österreich habe dieser Roman keinen Einfluss ausgeübt. Lernet-Holenia gefiel aber als konservativer «Antifaschist», und der Literaturbetrieb wird Werken konservativer Bauart in Förderung und Verbreitung den Vorzug geben.[131] Junge Autorinnen und Autoren dürfen sich daneben bestenfalls auf begrenzt bedeutenden Literaturveranstaltungen außerhalb Wiens, wie etwa den «Österreichischen Jugendkulturwochen» betätigen, die 1954 in der Reihe «Österreichische Dichtung» an vier Abenden neue Autorinnen und Autoren vorstellten. Die Namensliste der Schriftstellerinnen dort ist eindrucksvoll: Marlene Haushofer, Ingeborg Bachmann, Jeannie Ebner oder Ilse Aichinger waren dort zugegen. Mit in der Jury war die vorbelastete Gertrud Fussenegger, deren Literaturbegriff wohl kaum unter das Signum der Moderne fällt.

Erst in den 1960er Jahren, so vermerkt es die österreichische Autorin und Literaturwissenschafterin Christine Riccabona in ihren Untersuchungen zur Rolle der Jungen in der Österreichischen Jugendkulturwoche habe sich eine «experimentelle Unruhe» bemerkbar gemacht.[132] Die Spaltung des österreichischen Literaturbetriebs in ein traditionelles und experimentelles Lager, so konstatierte es Hilde Spiel einmal, führte erst in den 1970er Jahren zu einem «offenem Bruch und deklarierter Zwietracht»: «Schriftsteller, die sich zwei Dekaden später spinnefeind gegenüberstanden, lebten damals friedlich mit- oder nebeneinander, die Jungen von den Älteren entweder unterstützt und ermuntert oder toleriert, schlimmstenfalls ignoriert; Nachwuchsautoren verschiedenster Kunstauffassungen waren ohne Widerspruch in den Spalten der Zeitschriften und Anthologien vereint», so die Weigel-Freundin Spiel mit verklärtem Blick auf die Nachkriegsjahrzehnte.[133]

Großromancier der 1950er Jahre in Österreich war der wegen seiner NSDAP-Mitgliedschaft mit Schreibverbot in den unmittelbaren Nachkriegsjahren belegte Heimito von Doderer. Er war, wie Robert Menasse bemerkt, «kometenhaft aufgestiegen und wurde zum idealtypischen Repräsentanten der neuen österreichischen Literatur: ein großer, anspruchsvoller, politischer Romancier, ein Genie der politischen Balance und Harmonisierung, verankert im alten Österreich, zugleich auch ein Förderer der Jungen, alles in einem, einer für alle.»[134]

1948, im selben Jahr, da Aichingers *Die größere Hoffnung* erschien, erfuhr ein anderes Buch immerhin eine Rezension in der *Europäischen Revue*. Es handelt sich um George Saikos Roman *Auf dem Floß*, einem spröden Meisterwerk, das persönliche und kollektive Antriebe fast im Stile Faulkners in eine analytische Sprache übersetzt. Saiko wird mit diesem Unterfangen im heimischen Literaturbetrieb ebenso am Rand stehen wie Ilse Aichinger, und wie zu Aichinger bliebe auch zu Saiko festzustellen, dass er in seiner Zeit «gute Gegner» (Samuel Moser) nie hatte, nie die Augenhöhe für dieses am internationalen Modernismus geschulte Werk erfuhr.

1957 wird Saiko *Hinter dem Gesicht des Österreichers*, so der Titel des Texts, einen «harmlosen, heiter-zufriedenen Ausdruck, getragen vom Prinzip des Fremdenverkehrs» verfassen, und das über alle Umbrüche, so Saiko, seit der Monarchie hinweg. Die tragenden Schichten der Übernationalität, Adel und Judentum, so Saiko, seien vernichtet, die Urbanität wiederum durch den «Zuzug von Alpendeutschen, nicht gerade die begabtesten deutschen Stämme», provinzialisiert worden. Für Saikos Anspruch, den Roman so zu erweitern, «dass die hintergründigen Mächte, die durch die oberste Konventionsschicht hindurchbrechen», war Österreich vorerst noch nicht bereit: «Erstaunlich, wie gleich sich diese Züge geblieben sind, wie sehr sie denen der Ersten Republik gleichen, wie sentimental sie an die Monarchie erinnern.»[135]

Das, was Saiko vorfand, hatte Gründe. Gründe, die in der Identitätskonstruktion nach 1945 und an der plötzlich doch dringenden Abgrenzung von den Deutschen lagen. Aber nicht nur. Gefunden werden musste der Rahmen, der das genuin Österreichische verbürgte. Und das konnte nur ein Rückgriff auf eine als spezifisch österreichisch beschreibbare Kultur sein, der auch gerade nach 1945 eine Ausgrenzung der Moderne miteingeschrieben war.

Auch die jüdischen Rückkehrer wie Ernst Lothar, Ernst

Haeusserman oder Marcel Prawy, die als Mitglieder des United States Information Service an der Neuaufstellung des Landes gerade aus alter Verbundenheit und schmerzhafter eigener Exil-Erfahrung zurückkamen, waren nicht frei vom Rückgriff auf genau dieses Österreich-Kulturnarrativ, das zu etablieren die Vorgänger wie Hofmannsthal oder Reinhardt (zu denen Vertreter wie Haeusserman oder Lothar ja noch dazu im direkten persönlichen Kontakt standen), mitgeholfen hatten. «Vieles an diesem Neubeginn war merkwürdig und keinesfalls geradlinig», schreibt der Historiker Manfried Rauchensteiner zum Paradoxon einer endgültigen Österreich-Definition: «Österreich, das aus einem supranationalen Reich hervorgegangen war und sich über die Jahre hinweg mit Anschlussgedanken getragen hatte, wollte sich jetzt als Nation definieren.»[136] Und fand schließlich einen Nationenbegriff, der so relativierend wie unangreifbar uneindeutig war.

Die «inhaltliche Unbestimmtheit des österreichischen Nationenbegriffs» sieht Robert Menasse auch als seine «wesentliche inhaltliche Bestimmung», mit einem klaren Effekt, den man nicht nur polemisch ausdeuten dürfe: «Wo nichts ist, kann auch keine Schuld sein.» Denn, so der Hegel- und Musil-Fan Menasse in seinem Essay *Das Land ohne Eigenschaften*: «Österreich hat einen Nationenbegriff herausgebildet, der aus der wechselseitigen Aufhebung der klassischen Nationenbegriffe besteht, weshalb die Vollendung der österreichischen Nationswerdung nun aus der Preisgabe der Nation besteht.»[137]

Der alte Nationenbegriff, er mag den Deutschen gehören, oder allen, die sich bis zu Jörg Haider mit dem österreichischen Negationsnationenbegriff nicht abfinden können (wobei die Nachfolger Haiders das dritte Lager ebenfalls ins Refugium einer ‹Österreich-Partei› geführt haben). Österreich wollte nach 1945 nicht mehr wie davor *besser* als die Deutschen, sondern definitiv *anders* als die Deutschen sein. Weswegen die Schulnote im Fach Deutsch, wie fast alle Sekundärwerke zur Österreich-Geschichte nach 1945 erinnern, eine Zeit lang nicht mehr «Deutsch», sondern «Unterrichtssprache» hieß. Der Rückgriff für die Österreich-Positionierung erfolgte aber genau mit den Mechanismen, die schon nach 1918 in Gang gesetzt worden waren. Nur bedeutete die Positionierung etwas anderes als noch zu Zeiten von Hofmannsthal. In der Konsequenz sprang aber erneut der gleiche Antimodernismus aus der Kiste wie schon nach 1919 in der Reaktivierung des tieferen Österreich-Gefühls und seiner unbeschreibbaren Gesetzmäßigkeiten.

Das herbeigesehnte und von außen erforderte Reset nach der NS-Zeit bringt eine in der Forschung ausführlich beschriebene Behauptung eines Österreichs vor 1938 – und als solche den Rückgriff auf Muster, die in der fragilen Ersten Republik funktioniert haben, zumal ohnedies auf den größeren Bedeutungszusammenhang des Österreichischen verwiesen werden konnte.

Eine zentrale Triebfeder in der Österreich-Restauration ist der Rückgriff auf die Kultur und die Kulturinstitutionen. Das Aufziehen des Kalten Krieges und die Stimmung des Antikommunismus, die etwa sehr bald der erste Kulturstaatssekretär Ernst Fischer aus der provisorischen Renner-Regierung beklagen sollte, taten das Ihrige, dass Österreich im Umgang mit der Moderne bestenfalls dort fortsetzen sollte, wo es Ende der 1930er Jahre aufgehört hatte. Ohnedies verweisen Biografien im medialen, kulturellen wie auch literarischen Feld auf Kontinuitäten, die ebenso in den Ständestaat hineinreichen. Rudolf Henz oder Gustav Carnaval sind nur einige der prominenteren Namen aus der Zeit des Ständestaates, die zentrale Rollen im Betrieb einer Re-Österreichisierung unter dem mehr oder weniger strengen Blick der Alliierten einnehmen sollten.

Der Literaturbetrieb war, wie es Robert Menasse in seinem frühen Essay *Die Entwicklung des österreichischen Literaturbetriebs und seine Strukturierung im Geiste der Sozialpartnerschaft* beschreibt, monolithisch strukturiert. In ihm fehlten auch zentrale Konflikte, wie man sie in der BRD rund um die «Gruppe 47» ausgetragen sah. In diesem Betrieb, so Menasse, habe es «nicht nur keine ästhetischen oder politischen Differenzen […], sondern nicht einmal Generationenkonflikte gegeben».[138] «Eine Revolte der Mittelmäßigkeit» nannte es der Autor Milo Dor Mitte der 1950er Jahre in der Zeitschrift *FORVM*, eine «Verwichtelung» des gesamten Kulturbetriebes, die Schriftstellerin Elfriede Gerstl. Eine «zumeist aus Pen-Club-Mitgliedern bestehende Staatsliteratur», so Gerstl, «gab den Ton an, hatte die Macht über Medien, Verlage und Preisverleihungen und ebenso die Macht, alles von einer dementsprechend lethargischen und versumperten Öffentlichkeit fernzuhalten».

«Die Schaltstellen der Literaturvermittlung in den Medien, Theatern, Verlagen und Literaturzeitschriften besetzten in den 1950er Jahren vorwiegend konservative Kulturfunktionäre […], die zu einem nicht kleinen Teil ihre Machtpositionen bereits zwischen 1934 und 1938 etabliert hatten», erinnert der Germanist Roland Innerhofer an den kulturpolitischen Rahmen der Zeit.[139] Die entscheidende Konsequenz aus diesem Setting laut Innerhofer sei aus dem Literaturbetrieb quasi ausgeschlossen worden. Erst mit dem Forum Stadtpark und den von Alfred Kolleritsch herausgegebenen *manuskripten* bekam die Avantgarde im Land so etwas wie eine Plattform. «Die Tatsache, dass es in den 1920er Jahren in Österreich keine nennenswerte Avantgardeplattform» gegeben habe, erinnert auch Klaus Kastberger, «wirkte bis in die 1950er Jahre nach, und die erklärt wohl auch die spezifischen Bedingungen, auf die die Avantgarde [die Wiener Gruppe oder die Aktionisten, Anm. GH] bei ihrem erstmaligen Auftreten traf.»[140]

In diese Zeit fällt ein weiterer bemerkenswerter Akt. Der für Kultur zuständige ÖVP-Unterrichtsminister Heinrich Drimmel entschied sich mit der Berufung des jungen Kunsthistorikers Werner Hofmann als Chef des Museums für Moderne Kunst für eine quasi staatlich geförderte Öffnung hin zu mehr Moderne. Was der weltgewandte Hofmann zunächst folgerichtig als Auftrag verstand, dem Land über die Lücken seiner Moderne-Wahrnehmung zu helfen, indem er in der Zeit zwischen 1963 bis zu seinem Weggang nach Hamburg Ende der 1960er Jahre zentrale Werke der klassischen Moderne nacherwarb, blieb in gewisser Weise auch ein solitärer Vorstoß.

«Jahrzehnte mussten vergehen, Katastrophen ‹passieren›, um mit Musil zu reden, bis das Wesentliche als wesentlich erkannt wurde», bilanziert der Autor Gerhard Fritsch 1963 zum Status der österreichischen Literatur im Sammelband *Bestandsaufnahme Österreich 1945–63*. Das Erkennen des Wesentlichen habe sich laut Fritsch nur langsam vollzogen, sähe man von Kafka ab, «dessen Werk mit der Psychoanalyse unter dem Sternebanner, mit Carepaketen und Marshall-Plan in das Bewusstsein Nachkriegseuropas eindrang».[141] Das Moderne, schließt Fritsch, werde «schwer verdaut: eine verbreitete deutsche Literaturgeschichte aus den letzten Jahren führt Musil nur im Kapitel ‹Dichter und ihre Spießgesellen›, während das handlichste Literaturlexikon Broch als ‹Vertreter des Austrojudentums› bezeichnet».[142]

Fritsch ortet genau im Einzelgängertum und in der Widerständigkeit das Merkmal einer spezifisch österreichischen Literatur. Charakteristisch ist auch, dass seit dem Untergang der Donaumonarchie der weitergegebene Kanon bis in die 1960er Jahre hinein, und vielleicht auch länger, ein Gros literarischer Leistungen ins Abseits stellte oder negierte. Man denke nur an Elias Canetti, dem der Wiener Bürgermeister Helmut Zilk Mitte der 1980er Jahre die Ehrenbürgerschaft der Stadt verleihen wollte und dafür den Hinweis erntete, beim Literaturnobelpreisträger Canetti handle es sich doch eigentlich um einen Bulgaren. Weder Werk noch Vita Canettis passten lange Zeit in das Selbstverständnis dieses Landes.

Und so hatte man sich auch 1981 schwergetan, den Literaturnobelpreis als eine Auszeichnung für die österreichische Literatur anzuerkennen. «In der Genauigkeit das Gültige: an diesem Satz kann die Literatur Österreichs gemessen werden. Wenn das Phrasenhafte, Menscheitsbeglückende, Anklagende und Zukunftsdeutende anderer Literaturen längst Papier geworden ist, gilt noch immer ein Bonmot von Nestroy, ein Wort der ‹Fackel›, eine traurige Passage von Joseph Roth», so Fritsch über die andere Geheimschrift Österreichs, die für ihn aus einer Widerständigkeit ihre Treffsicherheit und Haltbarkeit beziehe. Und schließlich, so erinnert Fritsch, sei es eben nicht selbstverständlich, überhaupt von einer österreichischen Literatur sprechen zu können: «Sich in Frage zu stellen, ist ein Kriterium des Österreichischseins an sich. Die Geschichte der Ersten Republik ist die Tragödie des Fehlens einer Antwort auf diese Frage. Die Möglichkeiten einer Beantwortung wurden zwischen 1938 und 45 gefunden. Aus diesen Antworten entstand die Realität der Zweiten Republik.»[143] Die Existenz, so seine Conclusio, sei mehr als bei anderen Staaten «eine Selbsterkenntnis und deren fortgesetzte Interpretation, zu der mehr als manches andere die Dichtung» gehöre.[144]

In dem Jahr, in dem Fritsch diesen Aufsatz veröffentlichte, kehrte die Autorin Hilde Spiel aus ihrem jahrzehntelangen Exil in England dauerhaft nach Österreich zurück, frei nach der Erkenntnis Wittgensteins, wie sie schreibt (ohne sich vergleichen zu wollen): ohne England nicht arbeiten, aber ohne Wien nicht leben zu können. «Durchs raschelnde Laub der Vergangenheit» will Spiel seit ihrer Rückkehr gegangen sein. Ihre engsten Freunde sollten just Heimito von Doderer, von dem sie dieses Zitat für ihre Erinnerungen borgte, wie auch Alexander Lernet-Holenia werden. «Ich war wehrlos gegenüber dieser Verdichtung wienerischen Lebensgefühls, dieser so präzisen wie skurrilen Sprache, dieser Kraft des Aufbaus bei immer wieder frappierender Anschaulichkeit der Details», beschreibt sie ihre Doderer-Begeisterung im Band *Welche Welt ist meine Welt? Erinnerungen 1946–1989*: «Alles, alles nahm ich hin: dass Heimito, was niemals er, aber seine Freunde für ihn ins Feld führten, das ‹Dritte Reich› mit dem Heiligen Römischen Reich deutscher Nation verwechselt hätte – eine Verirrung, die man einem Parteimitglied, das eigentlich die Bibel jener Partei, ‹Mein Kampf›, gelesen haben müsste, wirklich nicht zugestehen kann.»[145] Bald würde sie, die weltbürgerliche Dame, die tatsächlich in der Literatur mehrerer Sprachen und nicht in der Behauptung von Weltliteratur beheimatet war, ihre eigenen Verwechslungen im Kulturbetrieb des Landes eingestehen müssen: «Der Drang, überall dabei zu sein und Einfluss zu nehmen – gewiss, er war verständlich wie lächerlich. So lange am Rand gestanden zu haben, soll nun mit einem Sprung in die Mitte und einem Verharren dort ausgeglichen werden.» Ihre führende Rolle im österreichischen P.E.N. habe sich «als Irrtum herausgestellt» – ihre Ausrede sei wie jene Doderers zum Dritten Reich: «Ich verwechselte den Wiener mit dem Londoner P.E.N.»

Die Schriftstellervereinigung wird aber zur Plattform eines Austausches und zum Ort, alte bildungsbürgerliche Ideale gerade im Widerspruch zu den Entwicklungen der Zeit (Einmarsch des Warschauer Pakts in der ČSSR 1969) zu beleben. «Der Standort hat gewechselt. Die Schizophrenie hält an», beschreibt sie die in ihrem Umkreis zelebrierte Annäherung an eine «neue Mitteleuropaidee», getragen auch von den Kontakten zu ihrer «slowenischen Schwester», der ebenso bildungsbeflissenen Präsidentin des slowenischen P.E.N. Mira Mihelič, die, während die österreichischen Autorinnen und Autoren die alten Orte der k. u. k.-Monarchie auf jugoslawischen Boden besuchen und die Grandezza einer untergegangenen Gemeinschaft beschwören, immer um «den Streit zwischen den jugoslawischen Fraktionen» bangt. Zwischen Istrien und Venezien entsteht bei Spiel ein kultureller Raum, der so international wie auch alle Grenzen überwindend auf die Vergangenheit blickt. Da stellt sich bei einem Treffen in Venedig auch schon einmal Peggy Guggenheim mit ihren «drei kleinen dummen Pekinesen» und Ezra Pound im Schlepptau ein.[146]

Infiziert vom neuen Mitteleuropa-Fieber und auf Einladung des Triestiner Literaturwissenschafters Claudio Magris finden sich im Jahr 1977 Thomas Bernhard, Hedwig Stavianicek und auch Bernhards Verleger Sigfried Unseld in Triest ein. Ein Foto der Autorin porträtiert Bernhard, seine Förderin Stavianicek und Unseld, alle vor einem alten Fiat stehend. Die Szenerie könnte aussagekräftiger nicht sein: Hinter der Kamera die jüdische Weltbürgerin Spiel mit dem konservativen Herz, da Bernhard, festlich gekleidet neben jener Frau aus dem Wiener Großbürgertum, die seine Karriere als Autor finanziell wie ideell unterstützt und ihn auch auf seinen Reisen ins Ausland begleitet. Tummeln sich in Bernhards Büchern die Abrechner mit dem Bürgertum, sucht Spiel in Triest das alte Österreich: «Dies alles gehört zu der Welt, in die ich mich wieder eingefügt habe, und sie enthält, das wird mir allmählich klar, mehr Wunschbilder aus der Vergangenheit als Lockungen der Gegenwart.» Als «Kehrseite des Golddukatens Austria», soll Spiels letzter Ehemann, Hans Flesch-Brunningen, Bernhard einmal bezeichnet haben. Spiel wiederum will in ihrem Leben zwei Männer gekannt haben, denen sie alles verzieh: Heimito von Doderer und Thomas Bernhard, zwei Männer, die laut der Autorin «mehr gemeinsam hatten, als beide ahnten».[147]

Wäre Spiel 1963 in England geblieben, hätte sie, wie sie schreibt, «aus nächster Nähe eine Phase großer Veränderungen im Land miterlebt». Der Wertewandel des «Golden Age», wie es der ebenfalls in der Zwischenkriegszeit in Wien sozialisierte Historiker Eric Hobsbawm in seiner Geschichte des 20. Jahrhunderts nannte, sollte entscheidend werden für einen Einstellungswandel, der bis in die Gegenwart nachwirkt. Spätestens mit dem Ende der 1960er Jahre war auch in Österreich eine Generation im Feld, die die Erfahrungen und Entbehrungen des Krieges nicht mehr kannte und die – so wie in vielen anderen Ländern – erlebte, dass eine alte Elite über ihre eigene Zukunft entschied. «Bis in die 1970er Jahre wurde die Nachkriegswelt mehr vom Prinzip von einer Gerontokratie regiert als in den Zeiten davor», bringt Hobsbawm den Aufstand der Jungen auf den Punkt. In Österreich wird dieser Wertewandel ab Mitte der 1960er Jahre erkannt, jedoch beginnt die gesellschaftliche Transformation just in einer Zeit, da der wirtschaftliche Aufschwung schon über seinem Gipfel ist. Die «Mischung von Märkten und Regierung», wie Hobsbawm es nennt, bringt einen Nachkriegswohlstand, der zur Grundlage eines Wertewandels wird.[148]

Für Österreich im Speziellen bringt die in den 1970er Jahren eingeleitete Transformation neue Formen der Partizipation, nicht zuletzt aber auch das notwendige Abstreifen alter Rechtsnormen. Neue Schichten können am Bildungsaufstieg teilnehmen. Die 1970er befördern eine neue Nutzung der Ferien, und der neue Urlaub wird viele, wie eingangs beschrieben, an die Obere Adria führen. Damit wird auch ein historisches Vergessen zu belastenden Themen aus der Vergangenheit beider Länder eingeleitet.

Dass Re-Justierungen der österreichischen Identitätsdebatte und des österreichischen Geschichtsbildes überhaupt stattfinden, ist eng verzahnt mit einer bewussten Selbstthematisierung und Auseinandersetzung seit den 1980er Jahren, die mittlerweile als Arbeit am «kollektiven Gedächtnis» (Maurice Halbwachs) beschrieben wird. Just wird die Idee von einem «kollektiven Gedächtnis» zu einer Zeit schlagend, als Österreich seine Vergangenheit zwischen 1938 und 1945 tatsächlich neu vermessen muss.

Die Themen Erinnerung und Gedächtnis liegen heute durch viele Politreden wie platt getretene Topoi da. Vergessen wird dabei innerhalb des ‹Friedensprojekts Europa›, dass eben jenes Europa im «Goldenen Zeitalter» gegen das Erinnern und mit einem Nach-vorne-Schauen gewachsen ist. Die Historikerin Heidemarie Uhl hat zurecht in vielen Vorträgen daran erinnert, dass der Begriff des Gedächtnisses in Österreich erst in den 1990er Jahren Einzug hielt. Und sie betonte demgemäß konsequent auch, dass die Europäische Gemeinschaft zunächst mitnichten eine geschichtspolitische Agenda verfolgte. «Bis in die 1970er-Jahre lag der Fokus auf der gemeinsamen Zukunft und erst in den 1980er-Jahren begann man sich auf das europäische historische Erbe zu besinnen», so Uhl in einem gemeinsamen Beitrag mit Ljiljana Radonić. Die Fokussierung auf das historische Erbe habe zunächst aber nur den Rückblick auf die großen kulturellen Leistungen, «etwa die Akropolis in Athen», gemeint.[149] Und erst spät wurde in der kritischen Auseinandersetzung die Kategorie der Erinnerung bemüht.

Neun. Tiefengrund der Gegenwart: Von den 1980ern zurück in die 1970er Jahre und wieder weiter

Mythisierung und Teilamnesie – unter diese zwei Begriffe könnte man Österreichs öffentliche Auseinandersetzung mit den 1970er Jahren, abseits der intensiven Aufarbeitung durch die Zeitgeschichte, stellen. Das für Österreich verspätet eintretende «Goldene Zeitalter», das viele Länder des Westens auch in den gesellschaftlichen Auswirkungen früher gespürt hatten als Österreich mit seiner «Inselwirtschaft» bzw. «Brückenlage» zwischen Ost und West, ist in seinen Leistungen zwar einerseits unbestritten (Justizreform, Schulpolitik, Partizipation an den Universitäten, Frauenpolitik, etc.), andererseits liest man in die sogenannte «Kreisky-Zeit» gerne auch undifferenziert eine Hypothek für die Gegenwart hinein. Zu tun hat das nicht zuletzt mit der Dominanz der Aufarbeitung der eigenen Geschichte Österreichs ab der Mitte der 1980er Jahre. Die Erfahrungen des Jahres 1986 nennen nicht wenige als Grund, sich journalistisch oder gesellschaftswissenschaftlich auseinanderzusetzen. «Ich bin in den 1980er Jahren wegen oder gegen Waldheim Journalist geworden», sagte erst jüngst der langjährige *profil*-Herausgeber Christian Rainer in einem *Kurier*-Interview.[150] Und wenn gerade diese Generation im Medienbetrieb prägend ist, dann schaut sie gerne von der Waldheim-Zeit nach vorne und nimmt vieles als gesetzt oder eben als unerledigt an. Diese Generation hat die Auseinandersetzung um die eigene Geschichte quasi in Dramenform erlebt und ein wenig ist sie auch der Aura des Peymann-Bernhard-Narrativs (mit dem 1986er Roman *Auslöschung* als Präziose in der Mitte dieser Gesamtabrechnung) erlegen. Die politische Landschaft war auch mit der Übernahme der FPÖ durch Jörg Haider in eine größere Bewegung geraten, und die Erosion des Status der klassischen Großparteien SPÖ und ÖVP hatte eigentlich hier (und auch bis in die Gegenwart wirksam) begonnen.

Die Kontroversen um die Gesellschaft wurden wieder auf dem Feld der Kultur geführt. Und während dieser Konflikte, die ein komplett übersteigertes Maß einer Österreich-Selbstbezüglichkeit offenbarten, fiel bekanntlich der Eiserne Vorhang, ein Vorgang wiederum, der neue Mythologeme in Österreich auf den Weg schickte. Rasch vergessen war die Zeit, als man nach dem Prager Frühling in Österreich in den 1970ern eher Appeasement als ein Rütteln an der West-Ost-Stabilität und ein Übermaß an Dissidentenkultur leben wollte.

Österreich im Peymann-Bernhard-Welttheater, das die Mindsets späterer Generationen von Medienmachern im Land nachhaltig prägte, wurde von einem Abrechnungsdiskurs mit dem Davor geprägt, der keinen konkreten Blick auf das Vergangene anregte, sondern eher eine bis ins Narzisstische gehende Selbstgewissheit beförderte. Durch die Frontstellungen in der Debatte gehörte man entweder ins Lager der Ablehner oder stand sonst auf der anderen Seite, im Lager derer, die genau diesen Abrechnungsdiskurs wollten, freilich um den Preis, dass man die Spielregeln genau dieser Frontstellungen akzeptieren und internalisieren musste.

Differenzierung war im Schatten von 1986 nicht gefragt und auch nicht ein genauerer Blick auf die jüngere Zeit davor, die auch von innerösterreichischen Skandalen belastet war. «Rein sachlich ist es kein Wunder, dass die sehr österreichische Variante von Anti-Politik, hervorragend vertreten von Thomas Bernhard, das Rosarote der Sozialdemokratie aufspießen würde», erinnerte Autor und Essayist Franz Schuh 2021 während eines Vortrags im Kreisky-Forum: «Es ist unvermeidlich, gerade weil solche Kritiker eine dunkelrote Partei erst recht fürchten müssten. Die relative Freiheit in einer Massengesellschaft ist eine Folge der vorherrschenden Unentschiedenheit und der Verwässerung präziser Ideen. Bernhards Angriff auf Kreisky und auf dessen vermeintlichen Hauspatschen-Sozialismus, auf den ‹Halbseidensozialisten und rosaroten Beschwichtigungsonkel› hatte allerdings einen seltsamen Beigeschmack: Österreichs einzigen Großbürger nannte Bernhard in seiner Polemik, die sich explizit auch gegen Peter Turrini und Gerhard Roth richtete, einen ‹Spießbürger›.»[151] Übersehen wurde in den 1980ern in gewisser Weise das Davor, und das betraf just jene Auseinandersetzungen, die gerade gegen die Politik Kreiskys und seiner Regierung vorzugsweise auf dem Terrain der Kultur geführt wurden.

Die 1970er Jahre kannten im Grunde ein ähnlich aufgeheiztes Klima der Erregung wie die 1980er Jahre, nur waren die Akteure darin teils andere. Thomas Bernhard hatte sich Mitte der 1970er auch um die Leitung des Burgtheaters in der Nachfolge von Gerhard Klingenberg beworben, war aber, durch eine Entscheidung des damaligen SPÖ-Unterrichtsministers Fred Sinowatz, dem seit den 1950er Jahren in Österreich lebenden und arbeitenden Schauspieler und Regisseur Achim Benning unterlegen. Ein Aufführungsverbot der Bernhard-Stücke an der Burg war ebenso Resultat dieser Direktionsentscheidung – wie die spätere Rache von Peymann und Bernhard an der Benning-Zeit, die man in der Auseinandersetzung als eine Ära kompletter Verschlafenheit darzustellen wusste.

Beinahe durch alle Bernhard-Texte der 1980er Jahre ziehen sich Invektive gegen das beamtete Burgtheater – und alle literarischen Texte lesen sich wie eine Regieanweisung für die spätere Auseinandersetzung, die Peymann mit dem etablierten Ensemble der Burg führte. Dass freilich immer das falsche Ensemble spielte, beklagte nicht zuletzt die *Kronen Zeitung* in den Berichten eines Richard Nimmerrichter und Viktor Reimann, einem der Mitbegründer des Verbandes der Unabhängigen (VdU), dem man entgegen der Ausrichtung seiner Herkunft und Zeitungsartikel gerne die Ummantelung des ‹Liberalen› gegeben hatte.[152]

Die Literaturwissenschafterin Evelyne Polt-Heinzl bezeichnet schon die Periode «von den 1970er Jahre bis in die 1980er Jahre hinein» als «Jahrzehnt der künstlichen und stets zu Staatsaffären aufgeheizten Kulturkämpfe», als eine andauernde Serie von «Staatsoperetten».[153] Da fragten etwa die FPÖ-Abgeordneten Friedrich Peter und Friedhelm Frischenschlager (später Liberales Forum) laufend nach zu neuen «Spitzengagenbeziehern» beim Burgtheater, stets unterfüttert von der Unterstellung, ältere Ensemblemitglieder würden nicht zum Zug kommen.[154] Und der damalige Parlamentarier der ÖVP, Erhard Busek, sorgte sich im Rahmen mehrerer Anfragen an den für die Bundestheater zuständigen Bundesminister um das «Österreichische» im Spielplan und den «Mangel an Zyklen der Klassiker der Weltliteratur wie zum Beispiel Shakespeare».[155] In einem Interview mit Ö1 beklagte er, dass sich «eine linke Richtung hier breit gemacht» habe, die «in der Verteidigung ihrer Positionen sich manchmal faschistischer Positionen» bediene.[156] Die Wiener Theaterkritiker, so meinte der angefeindete Theaterdirektor Achim Benning damals, hätten sich «in den verschiedensten Masken, manchmal sogar als alter Goethe hergerichtet», sich «in der Nachfolge von Karl Kraus gesehen, aber dessen großen Hass nur in kleinen Portionen schnell vergänglicher Gehässigkeiten» tradiert.[157]

«Gemessen an ihrer Bedeutung», schreibt der Theaterwissenschafter Peter Roessler, «kann die Direktionszeit von Achim Benning [von 1976 bis 1986, Anm. GH] als eine der meist verkanntesten des Burgtheaters der jüngeren Zeit angesehen werden». Das Zitat über Benning passt vielleicht als Matrix über eine öffentliche Einschätzung der Kreisky-Zeit. Dass man die Last der Kreisky-Zeit noch in der Gegenwart zu satteln habe, ist einer der bekannten Stehsätze in der Gegenwart Österreichs. «Warum im politischen Diskurs und in der öffentlichen Meinung das Faktum nicht aufgenommen wird, dass die Defizite des Budgets in den 1970er Jahren stiegen, dass aber die Investitionen, die daraus getätigt wurden, der allgemeinen Volkswirtschaft zugutekamen», konstatiert der

Historiker Oliver Rathkolb in seinem Buch *Die paradoxe Republik*, sei auf erfolgreiche parteipolitische Punzierung ebenso zurückzuführen wie der den Österreicherinnen und Österreichern über Jahrzehnte hinweg anerzogene Spargesinnung.[158] Hinzu kommt freilich für die Gegenwart, dass die Ära Kreisky gerne von ihrem Ende in den 1980er Jahren beurteilt wird, als die österreichische «Inselwirtschaft» und der «Austromonetarismus» an die Grenzen gestoßen waren – und sich nicht zuletzt zeigte, dass heimische Unternehmen, gerade aus dem Bereich der verstaatlichten Industrie, den Wettbewerbsbedingungen einer globaler gewordenen Wirtschaft nicht mehr gewachsen waren. Zahlreiche Skandale und Pleiten hatten das übrige getan, den einstigen Glauben an die ewige Aufbruchsstimmung, mit der Kreisky gestartet war, in das Gegenteil zu verkehren. Am Ende dieser Epoche stand die (damals noch) «große Koalition» just unter einem Bundeskanzler, der davor als Manager berufen worden war, in der maroden Länderbank aufzuräumen.

Entscheidend für die Gegenwart bleiben aber die Einstellungsänderungen, die sich mit Anbruch der 1970er Jahre nicht nur in Österreich, aber speziell hier mit besonderer Wucht und Wirkung, durchgesetzt hatten. In Bruno Kreisky hätten die «Nachkriegskinder, die als Reaktion auf die bürgerliche Familie antiautoritäre Erziehungs- und Lebensformen erprobten, eine Persönlichkeit [gefunden], die ihnen diese Befreiung politisch vermitteln und symbolisieren konnte», befindet sein früherer Sekretär Wolfgang Petritsch.[159]

Die Mitgestaltungsmöglichkeiten nannte jüngst die Schriftstellerin Marlene Streeruwitz in einem Interview mit ORF.at als Leistung der Ära Kreisky, die sich nicht zuletzt im Universitätsorganisationsgesetz aus dem Jahr 1975 unter Hertha Firnberg ausgedrückt habe. Damals, so Streeruwitz, sei die universitäre Mitbestimmung geboren, weil sie vom bürgerlich-liberalen Lager (in der Sprache dieses Buches könnte man auch sagen: des post-josephinischen Reformkatholizismus) mitgetragen wurde. Leider habe sie selbst miterleben müssen, wie just die Bürgerlich-Liberalen im Jahr 1993 genau diese Leistungen zugunsten einer behaupteten Wettbewerbsfähigkeit wieder abgeschafft hätten. In der Gegenwart, so Streeruwitz, würde sich die «Fragmentierung der Gesellschaft» und die «Abschaffung des öffentlichen Raums» verwirklichen, dabei wäre die damals entstandene Partizipation an den gesellschaftlichen wirksamen Entscheidungen das Muss der Zeit. «Der öffentliche Raum muss durch Mitbestimmung transparent gemacht werden», formuliert die Autorin ein Prinzip, das sich in Ansätzen in den 1970ern realisiert hätte.[160]

Was Streeruwitz mit ihren Überlegungen anspricht, ist der Verlust einer Bewusstseinsbildung, die in den 1970er Jahren angestoßen worden war. Bis in die Gegenwart würden die Potenziale dieser Bewusstseinsbildung schlummern, so die Schriftstellerin. Aber auch, so ihr Zusatz: Diesem Bewusstsein sei die ökonomische Grundlage entzogen worden. Der Blick auf die gesellschaftlichen Eliten des Landes zeige: Partizipation wird im Medien- und Politikgeschäft in Österreich in den 2020er Jahren gerade von jenen verteilt, die Nutznießer der Errungenschaften der 1970er sind und als Boomer-Generation (oder darüber) ihre Elitenzugehörigkeit verteidigt haben, während man für die Generationen danach einen sehr prekären wie globalisierten Wettbewerb als Leitstern vorsieht.

Wer die Gegenwart und ihre Wertekultur und -konflikte verstehen will, kommt ohne einen Blick in die Tiefendimensionen, die von den 1970er Jahren weg strahlen, nicht umhin. «Der Wohlstand, der über zwei Generationen aufgebaut wurde, ist nicht über eine Work-Life-Balance entstanden.» Mit diesen Worten garnierte KTM-Chef Stefan Pierer im Herbst 2022 im Radiosender Ö1 seine Forderung nach den Möglichkeiten, die Arbeitszeiten ausweiten zu können, statt sie unter den verschiedensten Modebegriffen wie «Work-Life-Balance» oder «Achtsamkeit» einschränken zu müssen. Wie sehr genau diese Wertehaltungen in den 1970er Jahren grundiert – und von der Generation der Boomer quasi auf die nächste Generation unter ihnen weiter gereicht wurden, davon handeln einige Bücher der jüngeren Zeit, allen voran das Werk *1977* des Schweizer Kulturwissenschafters Philippe Sarasin. Dass sich heute viele an der Endmoräne von Prozessen eines ewigen Wohlstandswachstums wahrnehmen, zugleich aber die in den 1970er Jahren erarbeiteten Wertehaltungen weitertragen, lässt sich über Sarasins Analysen kulturhistorisch auch für Österreich untermauern. Die 1970er Jahre liest Sarasin als Zeitalter «einer großen Verunsicherung», aber auch als Brückenzeitalter, in dem die Wertewelt der jetzigen Gegenwart eingestellt wurde. Für Österreich kommt ergänzend hinzu, dass die Jahre der Kreisky-Regierung quasi leicht zeitversetzt zu internationalen Entwicklungen, die schon früher im Rahmen der 1960er griffen, einen fundamentalen politischen Wandel mit sich brachten, und das trotz erschwerter wirtschaftlicher Umstände.

Wie schon am Ende des 19. Jahrhunderts schlugen bestimmte wirtschaftspolitische Entwicklungen der westlichen Welt samt den gesellschaftlichen Folgen in Österreich später auf. Im Fall der Kreisky-Zeit, die durchaus im wirtschaftlichen Bereich an Vorleistungen der letzten Jahre der Regierung Josef Klaus und dem damaligen Finanzminister Stephan Koren anknüpfen konnte, war eine Verdichtung von Entwicklungen in sehr kurzer Zeit festzustellen, während in anderen Staaten des Westens das so genannte «Goldene Zeitalter» gerade zu Ende ging.

Der Historiker Eric Hobsbawm hatte diesen Begriff mit Bezug auf die Phase des Wiederaufbaus von 1945 bis 1974 mitgeprägt. Der Kapitalismus, vor allem im Westen, habe für gesellschaftlichen Aufschwung – und damit für den Verlust von «Überlebensängsten» – gesorgt, so das zentrale Paradigma hinter der Annahme dieses «Goldenen Zeitalters». Dort, wo die Ängste einer Gesellschaft geschwunden seien, so Hobsbawm, würden die Entbehrungen der Jahre bzw. Jahrzehnte davor durch eine neue Generation «vergessen» und es habe sich eine neue, durchaus sehr nachhaltige Werteorientierung gebildet. Diese These stützen große Sozialforscher, etwa der US-Politologe Ronald Inglehart, der die Überlegungen seines 1977er-Klassikers *The Silent Revolution* bis zu seinem Tod in verschiedenen Publikationen wiederholte, unter anderem im Band *Cultural Evolution* aus dem Jahr 2018. Inglehart blickt weiter in die Gegenwart als Hobsbawm, der seine Thesen in den 1990er Jahren mit Wissen um den Fall des Ostblocks entfaltet hatte, aber das digitale Zeitalter in seinen vollen Dimensionen nicht mehr einschätzen konnte.

«Es ist eine Revolution auf dem Weg», schrieb der Yale-Professor Charles Reich in seinem 1970er-Buch *The Greening of America*. Das heute vergriffene Werk war in den frühen 70er Jahren ein Bestseller mit mehr als einer Million verkauften Exemplaren: «Die neue Revolution wird nicht wie die der Vergangenheit sein. Sie wird beim Einzelnen und mit der Kultur beginnen und sie wird die gesamte politische Kultur als finalen Akt bestimmen.»[161]

Aufbruch und drohender Kollaps der bisherigen Welt halten sich bei Reich noch die Waage. Viele andere Publikationen sprechen von Veränderungen aus dem Geist nahender Katastrophen. «Five years, that's all we've got» singt David Bowie 1972, in dem Jahr, als der «Club of Rome» seine legendäre und wirksame Publikation *The Limits of Growth* herausgibt. Wenn das Streben nach einer reinen Natur das neue Ziel ist, wie es die Zeitschrift *Life* schon 1970 postuliert, dann, so die Essayistin Susan Sontag, werde das «Streben nach einer reinen Rasse von einem Streben nach einer reinen Natur» abgelöst – der «Ökofaschismus», so ein neuer Begriff, stehe vor der Tür.[162]

In Österreich hatten sich diese Erkenntnisse einer Öko-Revolution spätestens mit den Demonstrationen gegen das Kraftwerk Hainburg durchgesetzt. Die neue Protestbewegung habe der Regierung Sinowatz-Steger, so Historiker Rathkolb, «sehr deutlich [gezeigt], welche neuen Kräfte zu berücksichtigen waren; [...] die vor allem von den Gewerkschaften geforderte Priorität des Wirtschaftswachstums entsprach nicht mehr gesellschaftlichen Werten, die sich in aktiven Protest- und Widerstandsaktionen äußerten. Während die Auseinandersetzungen um das Atomkraftwerk Zwentendorf [1978, Anm. GH] von den dominanten politischen Eliten noch ‹kanalisiert› worden war, war nun der politische Durchbruch der Grünbewegung nicht mehr aufzuhalten: Zu unflexibel und langsam hatten sich Regierung, SPÖ und Gewerkschaft gezeigt.»[163]

Dass die 1970er nicht zuletzt auch einen Schub an pädagogischen Diskursen rund um die Neuausrichtung, ja Erziehbarkeit der Welt mit sich gebracht hatten, war freilich kein auf Österreich beschränktes Phänomen. So erinnerte der ehemalige Feuilleton-Chef der *Frankfurter Allgemeinen Zeitung*, Ulrich Raulff, in seinem Band *Wiedersehen mit den Siebzigern* an eine Zeit, in der sich der Glauben an die Veränderbarkeit von der Gesellschaft bis hin zu jedem Einzelnen durch alle Bereiche zieht: «Natürlich musste eine Zeit, die an die Veränderbarkeit des Menschen glaubte, erzieherischen Lehren generell positiv gegenüberstehen. Aber der Zulauf, den die pädagogischen Fächer in jenen Jahren verzeichneten, trug Züge einer intellektuellen Epidemie.»[164] Man habe damals auch an die übergroße Bedeutung von Begriffen und Begrifflichkeiten für die Bewältigung des Lebens geglaubt, so Raulff, der an einen Satz des Philosophiehistorikers Manfred Frank erinnerte: «Ohne diesen Begriff nicht geklärt zu haben, kann man nicht weiterleben.»[165]

Alle gesellschaftlichen Aufbrüche hatten sich nicht zuletzt mit Zäsuren im Bereich der Weltwirtschaft auseinanderzusetzen. Der Ölpreisschock und die Inflationsentwicklung von 1973 brachten die Welt mit einem Begriff in Kontakt, der im Umfeld des Russland-Ukraine-Krieges bedauerlicherweise neue Konjunktur erhielt: den der Stagflation. Diese Stagflation, also mangelndes Wirtschaftswachstum und steigende Preise, hat ganz andere ‹Limits of Growth› gebracht. In Österreich wollte man unter der Regierung Kreisky II mit einem eigenen Keynesianismus gegensteuern, der am Anfang, wie der erste Finanzminister Hannes Androsch erinnerte, nie im Anfangskonzept der Wirtschafts- und Finanzausrichtung der Sozialisten gestanden habe. Austromonetarismus bzw. eine Form der «Inselökonomie mit Außenwirtschaftsbeziehungen» sei das Credo gewesen, das der ehemalige Ökonom und Finanzstaatssekretär Hans Seidel (dem auch der Begriff des «Austro-Keynesianismus» zuzuschreiben ist) durch einen Policy-Mix hätte verwirklichen wollen. So wurde die Phase des Deficit Spending als Reaktion auf den Ölpreisschock initiiert, um eben, wie Forscher sagen, das eigene gesellschaftliche Reformprojekt nicht abzuwürgen.[166] Stand genau dieses Projekt des Deficit Spending in Österreich von konservativer Seite schwer in Kritik, so sollte der Ausbruch der Covid-19-Pandemie Anfang der 2020er Jahre selbst im Lager konservativer Kräfte zu einer radikalen Korrektur der Sparideologie führen: So viel «Helikoptergeld» war seit dem Auffangen der verstaatlichten Industrie der 1980er Jahre oder der Rettung der Kärntner Hypo von Seiten des Bundes selten im Raum gewesen.

Zehn. Geschichte und Aufdeckung:
Die 1980er und die Folgen

Krisen sind Offenbarungssituationen. Wenn der Historiker Friedrich Heer immer eine «Psychogeschichte» Österreichs gefordert hat, die noch zu schreiben sei, so erzählt sich diese Psychogeschichte seit längerem vor unser aller Augen selbst, immer wieder als eine Serie von Aufdeckungen. Selbstaufdeckung passierte in Österreich gerade Mitte der 1980er Jahre, als sich das Land seiner eigenen Vergangenheit stellte, ja stellen musste. Unzählige Publikationen haben die Zeit zwischen der Waldheim-Debatte (1986) und der Rede des damaligen Kanzlers Franz Vranitzky am 8. Juli 1991 vor dem österreichischen Nationalrat (mit dem Bekenntnis zu den ‹guten wie schlechten Taten› des österreichischen Volkes in der NS-Zeit) eingehend aufgearbeitet. Ausgespart blieb aber der Blick auf die Lesart der eigenen Geschichte, gerade im Moment des Selbstbekenntnisses und der Selbstkritik: Österreich griff auch für die Bearbeitung seiner Vergangenheit auf den Gestus des Welttheaters zurück, und das mit ganz klaren Rollenverteilungen, die zum Großteil Männer in die vordersten Reihen der Bühne stellte.

Als der frühere österreichische Außenminister und UN-Generalsekretär Kurt Waldheim in der ORF-Pressestunde am 9. Mai 1986 zum Ausdruck gebracht hatte, «wie hunderttausend andere Österreicher auch» im Zweiten Weltkrieg in der Wehrmacht «nur seine Pflicht» erfüllt zu haben, war ihm zwar einerseits der Erfolg in der Stichwahl nicht mehr zu nehmen, andererseits war das Land, das sich gerade an eine Erweiterung des politischen Spektrums von den Altparteien SPÖ und ÖVP über die FPÖ bis hin zu den Grünen gewöhnt hatte, in Folge gespalten und polarisiert wie lange nicht. Hier die einen, die sich nicht (vom Ausland) vorschreiben lassen wollten, wen man zu wählen hatte, da die anderen, die sich hinter dem Slogan «ich habe ihn nicht gewählt» sammelten.

Es war aber auch eine Frage zwischen den Generationen, wie die Vergangenheit neu zu perspektivieren sei. Die Waldheim-Affäre war bekanntlich der Beginn des sogenannten «Wendejahrs» 1986. Am Tag nach dem Wahlsieg Waldheims trat der SPÖ-Bundeskanzler der rot-blauen Koalition, Fred Sinowatz, zurück. Sein Nachfolger Franz Vranitzky wiederum kündigte im Frühherbst die Koalition mit der FPÖ auf, nachdem dort Jörg Haider die Parteiführung samt eindeutigem Ruck nach rechts übernommen hatte. Für das Terrain von Kunst und Kultur wirkte die Waldheim-Affäre wie ein Katalysator.

Das trojanische Pferd der Gruppe «Neues Österreich» rund um den Publizisten Kuno Knöbel und den Künstler Alfred Hrdlicka (das auf die Polemik Bezug nahm, nicht Waldheim, sondern nur sein Pferd wäre bei der SA gewesen) war der Auftakt in einem Diskurs, der gegen den erstarkenden Protest konservativer bis rechter Kreise eine Überinszenierung der Aufarbeitung der eigenen Geschichte durchzog. Alte Topoi, Positionierung und Metaphern wurden mobilisiert, und die Institutionen, die schon bei der versuchten Neuausrichtung nach 1918 eine entscheidende Rolle innehatten, sollten sich in dieser Debatte erneut beweisen. Hauptauseinandersetzungsort sollte das Burgtheater, ausgerechnet unter der Führung eines Deutschen, Claus Peymann, werden. Peymann erkannte seit seinen Erfahrungen bei den Salzburger Festspielen 1970, wie man dem Land aus dem Geist der Provokation zusetzen und damit die maximale Aufmerksamkeit erreichen konnte. Das von ihm intendierte Niederreißen der Grenzen zwischen Kunst, Gesellschaft und Politik wurde vordergründig mit einem Schillerschen Besserungsbegriff unterfüttert. Star im Diskurs der Österreich-Abrechnung wurde bekanntlich Thomas Bernhard, dessen Roman *Auslöschung* im Jahr 1986 nach dem legendären *Holzfällen*-Skandal und dem Verkauf eines verbotenen Romans unter der Geschäftstheke im Fokus aller Aufmerksamkeiten stand. Das über sechshundertseitige Werk hatten die wenigsten gelesen, aber wie so oft galt auch im Fall Bernhards, dass man zu Produktionen der Kultur weniger Kenntnis als vor allem eine ausgeprägte Meinung benötigte. Bernhard hatte ohnedies das Seine getan, um sein Werk mit einer großen Aura zu umgeben. Im Fernsehen erlebte man ihn aus seinem ‹Lungenkur-Exil› auf Mallorca, wo er der ORF-Kulturjournalistin Krista Fleischmann seine Monologfragmente hinwarf, als wäre er der Montaigne aus Österreich, der die Welt von einer fernen Burg aus richten müsse. Was bei Montaigne in den *Essais* noch den Anspruch auf Welthumanismus hatte, wurde bei Bernhard zu einem fast jesuitischen Fanal. Dem Burgtheater war bis zum Beginn der Ära Peymann die Aufführung seiner Stücke verboten worden – und jetzt mit Peymann blies man ins Horn einer neuen Zeit, die im Grunde die vertiefte Fortsetzung der Aufregungen der 1970er Jahre und dem berühmten «Notlichtskandal» bei den Salzburger Festspielen mit sich brachte. Dass bei Bernhard nicht zuletzt auch die Sozialdemokratie unter Beschuss kam, machte die Universalisierbarkeit seiner Abrechnung noch attraktiver.

Die in den USA Ende der 1980er geprägte Formel zu Österreich «they had it too long too good» belegt für den Historiker Manfried Rauchensteiner, dass man Österreich seit dem Fall Waldheim und spezieller noch seit dem Fall der Mauer von außen noch genauer unter die Lupe genommen habe. «Mit dem Wegfall der Brückenfunktion ging [...] etwas verloren, das wie kaum etwas anderes zum österreichischen Selbstverständnis beigetragen hatte; es war so eine schöne Metapher», so Rauchensteiner zum Eintritt Österreichs in eine neue Zeitrechnung ab 1989.[167]

Bevor noch die Mauer fiel und das Land vor dem Anblick seiner eigenen Geschichte in Dramenform stand, musste bei vielen der Zusammenhalt beschworen werden. Als «Nazi-Land» wollte man sich nicht reduziert sehen. Das aufgeheizte Klima in der zweiten Hälfte der 80er Jahre wurde jedenfalls für zwei Männer im Literaturbetrieb zur Sternstunde. Thomas Bernhard und Peter Handke standen trotz breiter literarischer Produktion in Österreich (1985 etwa hatte Elfriede Jelinek ihr Stück *Burgtheater* vergleichsweise wenig diskutiert in die Öffentlichkeit gebracht) wie Monolithe da. Auf der einen Seite lag 1986 Handkes *Wiederholung* vor, ein Roman, der von der

Welterneuerung im Geist einer numinosen Ursprünglichkeit raunte; auf der anderen Seite stand Thomas Bernhard, der Aufarbeitung nur als Auslöschung, Selbstvernichtung und Weltverbrennung denken wollte und konnte.

«Handke und Bernhard galten in den achtziger Jahren als die Autoren, mit denen international Staat zu machen war», schreiben die Germanisten Klaus Zeyringer und Helmut Gollner. Es habe sich «der oberflächliche Eindruck» gehalten, «dass österreichische Literatur im Wesentlichen aus diesen zwei Namen bestehe: Handke auf der Suche nach einem ästhetisch-authentischen Blick der Eigentlichkeit, einem sanften mythischen Heil; Bernhard als Vorschimpfer und Zerstörer, als Erbauer einer Gegen-Authentizität. Hier Rekonstruktion, da Konstruktion einer Destruktion».[168] Autorinnen hatten neben diesen Dominatoren im literarischen Feld eingeschränkte Spielräume, ließen sich entweder in eine ähnliche Form der Welt- und Systemabrechnung drängen, wie Elfriede Jelinek, deren Radikalität der Kritik an den Zuständen noch mehr in eine Globalanalyse umschlug. Für Frauen, die in den 1970er Jahren gesellschaftliche Reformen erkämpft hatten, war der Spielraum für Artikulationen eng geworden.

«Ich habe mir in einer Art Wutreaktion auf das Übersehenwerden eine andere Form erobert und mir dann diesen winzigen Platz verschafft, sprechen zu können», reflektiert die Autorin Marlene Streeruwitz: «Aber lieber hätte ich ja eine ganz andere Umgebung gehabt. Und habe ja auch die Theaterstücke geschrieben, die das spiegeln. Und die werden nicht gespielt, weil sie nicht diesen konventionellen Vorstellungen, die sich hegemonial gemacht haben, entsprechen. Und das ist ärgerlich. Ich müsste jetzt über etwas sprechen, was ich mir immer vorgestellt habe und angegangen bin und dafür gearbeitet habe. Und sehe heute, was die Folgen des Nicht-Erreichen-Könnens sind.»[169]

Bernhard inszenierte sich in diesem Diskursraum als Kunstfigur seiner selbst, die, wie in seinen Romanen, weniger mit einem Gegenüber als einer imaginären Instanz zu reden schien und dabei die eigene Abrechnungsarbeit vorantrieb. Er reaktivierte nicht zuletzt das, was ihm augenscheinlich in Fleisch und Blut saß: den Geist einer konservativ wie reaktionären Moderne. Thomas Bernhard als Musterschüler in dieser Gemengelage griff auf all das zurück, was konservative Revolutionäre vor ihm gedacht hatten, verpackte das freilich in ein Werk, das durch die Inszenierung einer Weltabrechnung aus dem Geist eines untergegangen Bürgertums (man erinnere sich an die durch sein Werk umherirrenden «Geistes-Menschen») immer den ideologischen Kern seiner Genese verschleierte. Dass Thomas Bernhard zum ‹Heiligen› genau all jener wurde, die ihn anfänglich abgelehnt hatten, muss nicht nur als typisch österreichische Geste der ‹tödlichen› Umarmung gedeutet werden. Eher liest es sich wie eine späte Erkenntnis, dass Wildgans und Bernhard am selben kollektiven Humus andocken konnten und diesen auch je auf ihre Art bedienten. Hatte Bernhard die quasi staatliche Etablierung seines Werkes durch die Annahme des Anton-Wildgans-Preises in der Form eines Verleihungsskandals begonnen, so reaktivierte er am Höhepunkt seines Ruhms gerade im Moment seiner Auslöschungsdramaturgie zwischen den Werken *Holzfällen* und dem quasi finalen *Heldenplatz* all jene Topoi, die vor ihm die konservativen Revolutionäre Hofmannsthal und Wildgans ausgelegt hatten. Und so sehr sich Bernhard gegen das Staatskünstlertum in Österreich gewandt hatte, wurde er, man muss fast sagen konsequenterweise, jener Autor nach 1945, in dessen Erforschungen die mit Abstand größte Menge an Steuermitteln geflossen sind.

Dass in Bernhards Werk eine Kommunikationsstruktur angelegt ist, die sich vor allem auf sein Lesepublikum richtet, daran hat schon der Autor Andreas Maier in einer nicht immer ganz geglückten Bernhard-Dekonstruktion erinnert. Bernhard habe, so Maier, seine Texte geschickt mit Bedeutung aufgeladen, zugleich aber alle Spuren so angelegt, dass die suggerierte «Tiefe» und «Bedeutsamkeit» seiner Texte nicht zu fassen sei. Die geschickte Ausrichtung auf sein Publikum in der ästhetischen Anlage seiner Texte kann bei Bernhard freilich auch so gedeutet werden, dass die Texte in der Rezeption genau die diffuse Überblendung von Wirklichkeit und Fiktion nur steigern wollten. Und je mehr Bernhard von einer «Übertreibungskunst» schrieb und redete, desto mehr wollte Österreich daraus ein Wirklichkeitsstatement ablesen. Bernhards künstlerisches Werk wirkte wie kaum ein anderes in diesem Land, weil das Land seine Realität im Modus einer verklärten, verkürzten und stets auch immer auf Erzählungen eingedampfte Wirklichkeitsauffassung erleben wollte. Dem von ihm im Werk ausgelegten Bildungskosmos samt der Geistesmenschen, die sich in diesem herumtrieben, sollte unbedingter Glauben geschenkt werden. Alles, was von Bernhard angegangen wurde, wirkte im Gestus groß und reaktivierte zugleich ein Mindset, das aus dem Widerspruch zwischen demütigender Kleinheit und dem Hang zur Weltübersteigerung geboren ist.

Marlene Streeruwitz, 1967.

Elf. Weltbürgerschaft und Warnung: Flucht nach Rom

In Italien will sie «froher geworden» sein und den Gebrauch der eigenen Augen, ja wieder «schauen gelernt haben», gibt Ingeborg Bachmann 1963 zu Protokoll.[170] Rom erscheint bei ihr als eine der letzten bekannten Großstädte, «wo man ein geistiges Heimatgefühl haben» könne. Mit dem Zusatz: «Wichtig ist doch wohl das, was einem durch Rom geschieht.»[171] So muss auch der Held ihrer Erzählung *Das dreißigste Jahr* «nach Rom gehen, dorthin zurück, wo er am freiesten war, wo er vor Jahren sein Erwachen, das Erwachen seiner Augen, seiner Freude, seiner Maßstäbe und seiner Moral erlebt hat».[172] Ihr und ihrem Helden geht es wie Franz-Josef Murau aus Thomas Bernhards *Auslöschung*, der «schon lange in Rom und nicht mehr in Österreich zuhause» ist. Angeregt durch das Wissen seines italienischen Schülers Gambetti gerät er gleich zu Beginn «zunehmend in eine heitere Stimmung», so dass der eben absolvierte Besuch im oberösterreichischen Wolfsegg in weite Ferne rückt: «Mit Gambetti zu sprechen, war mir auch an diesem Tag wieder ein großes Vergnügen gewesen nach den mühevollen, schwerfälligen, nur auf die alltäglichen ganz und gar privaten und primitiven Bedürfnisse beschränkten Unterhaltungen mit der Familie in Wolfsegg.»[173] In Italien werden selbst die eigenen, vormals deutsch gedachten Gedanken leicht: «Obwohl ich das Spanische, wahrscheinlich, weil es mir vertrauter ist, höher schätze, gab mir doch

Gambetti an diesem Vormittag wieder eine wertvolle Lektion der Mühelosigkeit und *Unendlichtkeit* des Italienischen, das zum Deutschen in demselben Verhältnis stehe, wie ein völlig frei aufgewachsenes Kind aus wohlhabendem und glücklichem Hause zu einem unterdrückten, geschlagenen und dadurch verschlagenen aus dem armen und ärmsten.»[174] Umso mehr, hält der Erzähler fest, seien die Gedanken der deutschsprachigen Philosophie und Literatur zu schätzen, ziehe doch jedes deutsche Wort unweigerlich das «Denken nach unten»: «Plötzlich habe ich Gambetti einen Schopenhauerschen Satz aus der *Welt als Wille und Vorstellung* zuerst auf Deutsch und dann auf Italienisch vorgesprochen und ihm, Gambetti, zu beweisen versucht, wie schwer sich die Waagschale auf der mit meiner linken Hand vorgetäuschten deutschen Waagschale senkte, während sie sozusagen auf der italienischen mit meiner rechten Hand in die Höhe schnellte.»[175] Der Übersetzerin ins Italienische dieser Textstelle, Andreina Lavagetto, dürfte durchaus ein Lächeln über die Lippen gekommen sein, müsste sie nach dieser Maxime doch selbst Bernhards Text in leichtere Höhen fliegen gesehen haben, anstatt, wie es in dem Roman heißt, durch die deutsche Sprache «zu Boden» gedrückt zu werden.

Rom ist für österreichische Literatinnen und Literaten mehr ein literarisch-fiktiver Zielort denn Terrain der autobiografischen Prosa. Nur Ingeborg Bachmann bildet da mit ihren Rom-Reflexionen eine Ausnahme. Ihr Text *Was ich in Rom hörte und sah* verstörte zwar Kolleginnen und Kollegen, etwa Christa Wolf, wegen der eigenwilligen Genre-Form; doch eigentlich ist es ein typischer Grundbaustein der Bachmannschen Textwelt und der andauernden Verwischungen zwischen Leben und Literatur, die sich immer als reine Literatur tarnen wollen. «In Rom sah ich, dass alles einen Namen hat und man die Namen nennen muss. Selbst Dinge wollen hervorgerufen werden», liest man da und meint fast, dass die Bachmannsche Sprachskepsis eher die Schwester einer Verheißungserzeugung sei.[176]

Wenn die österreichische Literatur nach Rom fliehe, dann wären dafür, wie der Wiener Germanist Johann Sonnleitner erinnert, «eher gesellschaftspolitische Zusammenhänge ausschlaggebend» und weniger «subjektive Entfremdungserfahrungen». So gerät die Flucht nach Rom auch in literarischen Texten zu einem dauernden Balanceakt zwischen Enttäuschung und überschwänglicher Euphorie.[177] Die in Rom erhoffte Befreiung und Rückkehr an den Ort der eigenen Charakterbildung führt auch für den Helden aus *Das dreißigste Jahr* ausgerechnet zur Begegnung mit jenen Menschen, denen er in Wien eigentlich entkommen wollte.

Dass Rom und nicht Mailand der Fluchtort für die Figuren der österreichischen Literatur wird, erweist sich am Ende vielleicht doch auch als Sog eines über alle Grenzen wirkenden Topos in der Literatur. Und bedenkt man das Schicksal der Italien-Reisenden der angloamerikanischen Literatur, etwa von Daisy Miller aus dem gleichnamigen Roman von Henry James, dann bleibt Rom ein fatales Ziel.

Von diesem Ziel könnten die österreichischen Italienreisenden historisch eigentlich gewarnt sein. In Rom lauert seit

1800 ein tückischer Verbündeter für die Umsetzung eigener Absichten. Hatte das Habsburgerreich im Papsttum für die katholische Restauration einst einen gemeinsamen Partner für die Überwindung der eigenen Aufklärungsentwicklung gesehen, wie etwa Franz I., so erwies sich Rom, besonders ausgedrückt in der Gestalt von Papst Pius IX. als spiegelbildlich letaler Partner.

Pius IX. sollte bekanntlich der letzte Papst sein, der über ein großes Territorium auf dem Apennin regierte, bevor man ihm als Refugium den Petersdom und den Lateranpalast ließ. Obwohl Pius IX. ein Gegner der italienischen Einigungsbewegung war und ihr schließlich politisch 1870 zum Opfer fiel, stimulierte er am Vorabend von 1848 die Freiheitshoffnungen revolutionärer Schichten im Kirchenstaat. Eröffnete Lesestuben, politische Amnestien, milde Zensurhandhabungen und die Übergabe des Zeitungsgeschäfts in weltliche Hände waren nur einige der Maßnahmen im neu geführten Kirchenstaat 1847. Der Bund zwischen Kirchen und Demokratie sei von der Kanzel verkündet worden, so Heinrich Benedikt, «ganz im Sinne [des Politikers der italienischen Einheit] Vincenzo Giobertis, der selbst Priester war.» Österreichs «weiser Kanzler Metternich», so Benedikt, «sagte schon im November dieses Jahres [1847] die Vertreibung des Papstes aus Rom voraus».[178] Das Papsttum und Österreich werden im Verlauf des 19. Jahrhunderts auf italienischem Boden jedenfalls beide die Erfahrung einer schrittweisen Selbstverzwergung, ja Selbstauslöschung, machen. Insofern ist Bernhard in der *Auslöschung* konsequent, just in Rom, dem Todes-Topos der Weltliteratur, seinen Helden wieder zum Leben kommen zu lassen: «Ich bin nach Rom gegangen nur um einen Aufschub meines unablässig sich vollziehenden Verfalls, mit fast gar keiner Hoffnung auf Errettung. Und dann hatte sich gezeigt, dass mein Entschluss, nach Rom zu gehen, die Erneuerung meiner Existenz gebracht hat, sozusagen Geisteswende. Plötzlich habe ich aufgeatmet. Eine laute, eine stinkende Stadt, hatte ich zuerst gedacht, Gambetti, dann aber sofort gesehen, dass es die richtig ist für mich, die einzige, die notwendige, die rettende.»[179]

Hilde Spiel mit Marcel Reich-Ranicki am 4. Oktober 1984.

Zwölf. Caorle liegt gleich am Karlsplatz

«Die österreichische Regierung, das kann man sagen, hat durch so viele Jahre die Lombardei mit der Scala regiert, und man muss sagen, es ist ihr bis zu einem gewissen Zeitpunkt gelungen», notiert Massimo d'Azeglio[180], der erste Ministerpräsident des Königreiches Sardinien-Piemont nach 1848. Als romantischer Dichter weiß er, wie sehr das Theater, nicht zuletzt die Oper, Ausdruck gesellschaftlicher Sentimente ist. D'Azeglios König heißt Viktor Emmanuel II., der am Ende den Titel König Italiens annehmen wird. Aus dieser Zeit stammt auch die heutige Hymne Italiens aus der Feder des Genuesen Goffredo Mameli, die in der Komposition von Michele Novaro an die italienische Oper zwischen Rossini und Verdi erinnert. Verdi, der den «Inno di Mameli» noch für die Londoner Weltausstellung neu vertonte, reagierte seinerseits, für das Risorgimento glühend, auf die Kämpfe von 1848 in der Lombardei mit seiner einzig echten Risorgimento-Oper, der *Battaglia di Legnano* («Die Schlacht von Legnano», 1849).

Das Theater und die Oper in Italien werden für Österreichs Herrschaft auf italienischem Boden bzw. am Rand seines Reichsgebiets immer der Seismograf für die politische Stimmung sein. Für eine bessere im späten 18. Jahrhundert und für eine sich laufend verschlechternde im 19. Jahrhundert. In der Formulierung der Politik wird sich das einiger werdende Italien auf Schriftsteller und Publizisten verlassen. Es wird

Dichter in die Welt setzen, die Kommandanten des Politischen sein wollten und die es nur kurz gewesen sind.

Das Terrain der Kunst als Formulierung der Frage des Politischen, nicht zuletzt der Identität, ist auch für Österreich seit den 1920er Jahren attraktiv gewesen. Die so genannte «Boltenstern-Moderne», also die Umgestaltung des Innenraums der Staatsoper durch Architekt Erich Boltenstern nach 1945, aber auch die Arbeiten eines Clemens Holzmeister für die Salzburger Festspiele und deren symbolische Farbcodes unterstreichen die Ausrichtung eines Landes: Elfenbein, Gold und Rot, dieser Dreiklang (unter Auslassung der Farbe Schwarz) spielt in der Zwischen- wie in der Nachkriegszeit eine entscheidende Rolle für die symbolische Repräsentanz Österreichs. Sie ist in Teilen mit rest-monarchischer Feierlichkeit aufgeladen, lässt aber das Schwarz der Monarchie (übrigens auch das der Nazi-Zeit) weg. Auch die Briefpapiere der Republik oder die Programmhefte der großen Staatsinstitutionen sprechen die Sprache dieser Farbcodes. Auf dem reinen Terrain der Kultur greifen Designer in Österreich bis in die Gegenwart wiederum zum Violett, also jene liturgische Farbe der Kirche, die für die Vorbereitungszeiten im höchsten Festkreise reserviert ist. Kultur und Identität sind in einem beinahe heiligen Bund miteinander verwoben und sie müssen tiefer zurückreichen als die junge Geschichte der Republik.

Die Verbindung von Kultur, Identität und Politik ist weder rettend gewesen, noch hat sie das Land in tiefere politische Tragödien geführt. Sie hat dem Land die Möglichkeit einer Erzählung von sich geboten, auf die es letztlich bis zur Gegenwart zurückgreift. Für den Umgang mit der Moderne, und wenn man die Moderne als Sigle nimmt für das Umgehen mit Widersprüchen und globaleren Herausforderungen, war diese Grundierung von Identität über ein Kulturideal nicht immer hilfreich. Dass sich Österreich im Schatten von Pandemieerfahrungen und Kriegen vor der Haustüre ändern wird, ist nicht zu erwarten. Möglich aber ist eine Annäherung an die historische Erbschaft. Aus der Literatur und Literaturwissenschaft bliebe zu lernen, die Konstruktionsmechanismen und -erzählungen zu akzeptieren.

Italien ist als Sehnsuchts- und Projektionsort ein Seismograf dafür, welche gesellschaftliche Entwicklungsetappen Österreich nicht zuletzt in den 1960er und 1970er Jahren zurückgelegt hat. Den erreichten Wohlstand der «Goldenen Jahre» trug man zuerst in Devisenform an die Obere Adria.

Über die Vergleichsfolie Italien darf man sich noch an etwas anderes erinnern: Eine vielfältige aufgestellte Zeitungsmedienlandschaft ist für ein Land für die Bildung von Öffentlichkeit im Sinne von Habermas bis Luhmann nur dann hilfreich, wenn die telemediale und digitale Medienlandschaft ähnlich offen strukturiert ist. Nur dann könnten Medien zu einem Teil das leisten, was die Theorie immer behauptet: die Selbstverständigung der Gesellschaft über sich selbst.

Am Ende sind es aber die politischen Eliten, die das Funktionieren eines Staates entscheidend prägen, vor allem, wenn sie im historischen Tiefengrund so aufgestellt sind wie Österreich und Italien – eben seit der späten Zeit der Habsburger in der Lombardei und Toskana oder der Kirchenstaat des frühen bis mittleren 19. Jahrhunderts. Als der ehemalige italienische Premier Bettino Craxi vor der Strafverfolgung mit einem Motorboot nach Tunesien flüchtete, konnte man das noch für ein italienisches Kuriosum halten. Österreich kannte zu diesem Zeitpunkt Ibiza noch als eine politisch harmlose Jetsetinsel auf den Balearen.

In den 2020er Jahren ist Italien beim Schwung nach rechts möglicherweise Österreich ebenso voraus wie in den 1920er Jahren. Die politische Wende, auch an dieses Beispiel darf man sich im Fall etwa des späten Giacomo Puccini erinnern, wird zuerst auf dem Terrain der Kunst phrasiert, bevor sie gesellschaftlich wirksam wird. Nach der Premiere von *Il Trittico* schrieb Puccini 1918 den *Inno a Roma* (Hymne an Rom), der auf die Arie des Rinuccio («Firenze è come un albero fiorito») im *Gianni Schicchi* zurückgreift. 5.000 Sänger werden diese Komposition in Rom aufführen, die später als *Inno al Duce* weiterleben wird. Puccini ist da mit der unvollendeten *Turandot* vom Terrain der Geschichte bereits abgetreten. Nicht immer, so könnte man meinen, müssten die ‹fratelli d'Italia› Vorbild und Vorläufer für weitere historische Entwicklungen sein.

Im Jahr 1982 ließ die Konzept- und Medienkünstlerin Margot Pilz zum ersten Mal in Wien einen Sandstrand mitten in der Stadt vor der Karlskirche aufschütten. «Kaorle am Karlsplatz», hieß die Installation mit zehn Lastwagenfuhren Sand, Liegestühlen und Sonnenschirmen. Man durfte die Installation gesellschaftskritisch betrachten oder sie sehnsuchtsvoll nutzen. Vor der Kirche, die sich Karl VI. auch für alle Projektionen auf seine Rolle als Nachfahre des römischen Imperators mit zwei abgekupferten Trajanssäulen errichten ließ, trieb ein Aufblaswal im seichten Brunnenwasser. Später sollte man solche Installationen für den rein hedonistischen Gebrauch an anderen Wasserstellen der Stadt wiederholen. Am Donaukanal war der Sehnsuchtsort nicht mehr Caorle, sondern Tel Aviv.

Bibliografie

Endnoten

1 Hilde Haider-Pregler: *Von Gourmets, Gourmands und Feinschmeckern des Geists,* in: Der Mittagsesser. Eine kulinarische Thomas-Bernhard-Lektüre, hrsg. von Hilde Haider-Pregler und Birgit Peter, Frankfurt am Main 2001, S. 17-98, S. 30.

2 Ebd.

3 Elfriede Jelinek: *Ich will seicht sein,* in: Theater Heute Jahrbuch 1983, S. 102. Zitiert nach: elfriedejelinek.com, Texte zum Theater.

4 Wilhelm Berger: *Die letzten Orte,* zit. nach: https://unikum.ac.at/001_OFFENE_ORTE/DIE_LETZTEN_TAELER/005_DLT_TEXTPROBE_DURCHG.htm

5 Georg Biron: *60 Jahre «Herr Karl»: «Mir brauchen Sie gar nix erzähl'n»,* in: Wiener Zeitung vom 2.10.2021, zit. nach: https://www.wienerzeitung.at/h/60-jahre-herr-karl-mir-brauchen-sie-gar-nix-erzahln

6 Vgl. dazu: Furlani, Wandruszka, *Österreich und Italien. Ein bilaterales Geschichtsbuch,* Wien 1973, S. 46.

7 Zit. nach: Heinrich Benedikt: *Kaiseradler über dem Apennin. Die Österreicher in Italien 1700–1866,* Wien 1964, S. 114.

8 Furlani, Wandruszka, a.a.O., S. 240.

9 Zit. nach Benedikt, a.a.O., S. 54.

10 Claudio Magris: *Der habsburgische Mythos in der modernen österreichischen Literatur.* Mit einem Vorwort «Dreißig Jahre danach», Wien 1996, S. 13.

11 Furlani, Wandruszka, a.a.O., S. 242.

12 Ebd.

13 Vgl. dazu «Arbeiter-Zeitung», 10.8.1918, S. 2-3, zit. nach: https://anno.onb.ac.at/cgi-content/anno?aid=aze&datum=19180810&seite=2&zoom=33

14 *Hugo von Hofmannsthal an Benno Geiger,* 13.11.1918, zit. nach: Norbert Christian Wolf: «In einem gewissen Salzburg-Wiener-Geiste». Hofmannsthal und die Salzburger Festspiele zwischen Kulturpolitik und Kulturkritik (1918–1928), in: Kulturkritik der Wiener Moderne (1890–1938), hrsg. von Barbara Beßlich und Cristina Fossaluzza unter Mitarbeit von Tillmann Heise und Bernhard Walcher, Heidelberg Winter 2019 (=Beihefte zum Euphorion, H. 110), S. 105-123, S. 105.

15 Ebd., S. 108.

16 Elsbeth Dangel-Pelloquin, Alexander Honold: *Grenzenlose Verwandlung. Hugo von Hofmannsthal,* Frankfurt am Main 2024, S. 75.

17 Hugo von Hofmannsthal: *Gabriele D'Annunzio,* in: ders.: Gesammelte Werke in zehn Einzelbänden, hrsg. von Bernd Schoeller und Rudolf Hirsch, Bd. 1: Reden und Aufsätze I, S. 174-179, hier S. 175ff.

18 Max Brod: *Streitbares Leben 1884–1968,* München/Berlin/Wien, S. 111.

19 Bernhard Weyergraf: *Einleitung zu Hansers Sozialgeschichte der deutschsprachigen Literatur seit dem 16. Jahrhundert,* Bd. 8: Literatur der Weimarer Republik 1918–1933, München 1995, S. 7-37, S. 7.

20 Franz Leander Fillafer: *Aufklärung habsburgisch. Staatsbildung, Wissenskultur und Geschichtspolitik in Zentraleuropa 1750–1850,* Göttingen 2020, S. 11.

21 Ebd.

22 Hans-Ulrich Wehler: *Deutsche Gesellschaftsgeschichte, Bd 1: Vom Feudalismus des Alten Reiches bis zur defensiven Modernisierung der Reformära 1700–1820,* München 1989, S. 280.

23 G.F.W. Hegel: *Vorlesungen über die Philosophie der Geschichte,*

in: ders.: Werke in 20 Bänden, Bd. 12, Redaktion Eva Moldenhauer und Karl Klaus Michel, Frankfurt 1970, S. 526 und 539.

24 Ebd., S. 536.

25 Ebd., S. 539.

26 Norbert Christian Wolf: *Glanz und Elend der Aufklärung in Wien. Voraussetzungen – Institutionen – Texte,* Wien/Köln 2023, S. 23.

27 Vgl. dazu die bei Einaudi erschienene sechsbändige Ausgabe von Franco Venturi: *Settecento riformatore,* Turin 1969–1987.

28 Gabriele B. Clemens: *Geschichte des Risorgimento. Italiens Weg in die Moderne (1770–1870),* Wien/Köln/Weimar 2021, S. 13.

29 Benedikt, a.a.O., 93.

30 Ebd., S. 91.

31 Zit. nach Benedikt, ebd., S. 92.

32 Furlani, Wandruzka, a.a.O., S. 72.

33 Karl Vocelka: *Österreichische Geschichte 1899–1815. Glanz und Untergang der höfischen Welt,* Wien 2001, S. 237.

34 Franz M. Eybl: *Probleme einer österreichischen Literaturgeschichte des 18. Jahrhunderts,* in: Literaturgeschichte: Österreich. Prolegomena und Fallstudien, hrsg. von Wendelin Schmidt-Dengler, Johannes Sonnleitner und Klaus Zeyringer, Berlin 1995, S. 146-157, S. 149.

35 Marianne Lunzer: *Josephinisches und antijosephinisches Schrifttum,* in: Öffentliche Meinung in der Geschichte Österreichs, hrsg. von Erich Zöllner, Wien 1979, S. 53-63, S. 55.

36 Johann Pezzl: *Skizze von Wien,* zit. nach Wolf: Glanz und Elend der Aufklärung, a.a.O., S. 98.

37 Thomas Olechowski: *Zur Zensur am Ende des 18. Jahrhunderts. Dichter als Zensoren,* in: Aloys Blumauer und seine Zeit, hrsg. von Franz M. Eybl, Johannes Frimmel und Wynfried Kriegleder, Bochum 2007, S. 135-143, S. 138.

38 Jürgen Habermas: *Der Strukturwandel der Öffentlichkeit. Unter-*

suchungen zu einer Kategorie der bürgerlichen Gesellschaft. Mit einem Vorwort zur Neuauflage 1990, Frankfurt am Main 1991, S. 82.

39 Friedrich Nicolai: *Beschreibung einer Reise durch Deutschland und die Schweiz, im Jahr 1781 [...]*, in: ders.: Nachdruck der Gesammelten Werke 1783–1796, hrsg. von Bernhard Fabian und Marie-Luise Spiekermann, Hildesheim/Zürich/New York, Bd. 5, S. 12.

40 *Georg Forster in einem Brief an Samuel Theodor von Soemmering* vom 14.8.1786, zit. nach Wolf: Glanz und Elend der Aufklärung, a.a.O., S. 49.

41 Zit. nach Benedikt, a.a.O., S. 112.

42 Fillafer, a.a.O., S. 31.

43 Ebd., S. 39.

44 Ebd., S. 52.

45 Zit. nach Eduard Winter: *Frühliberalismus in der Donaumonarchie. Nationales und religiöses Denken von 1790 bis 1868,* Berlin 1968, S. 23.

46 Friedrich von Schlegel: *Geschichte der alten und neuen Literatur,* Erster Teil, Berlin 1841, S. 270.

47 Ebd., S. 42.

48 Müller, zit. nach Winter, a.a.O., S. 73.

49 Severoli, zitiert nach Winter, a.a.O., S. 36.

50 Ebd., S. 38.

51 Vgl. dazu Winter, a.a.O., S. 59.

52 Ebd.

53 Benedikt, a.a.O., S. 113.

54 Stendhal: *Promenades dans Rome,* hrsg. von Victor Del Litto, Paris 1997, S. 506. Übersetzung GH.

55 Alle Zitate Benedikt, a.a.O., S. 113.

56 Victor von Andrian-Werburg: *Oesterreich und dessen Zukunft,* Hamburg 1843, S. 8.

57 Lucjan Puchalski: *Imaginärer Name Österreich. Der literarische Österreich-Begriff an der Wende vom 18. zum 19. Jahrhundert,* Schriftenreihe der österreichischen Gesellschaft zur Erforschung des 18. Jahrhunderts, Bd. 8, Wien/Köln/Weimar 2000, S. 11.

58 Andrian-Werburg, a.a.O., S. 8f.

59 Michel de Certeau: *Theoretische Fiktionen: Geschichte und Psychoanalyse,* übers. von Andreas Mayer, Wien 1997, S. 97f.

60 Ebd., S. 98.

61 *Sigmund Freud – Sàndor Ferenczi. Briefwechsel,* 6 Bde., hrsg. von Ernst Falzeder, Eva Brabant und Patrizia Gampieri-Deutsch, Wien 1993–2005, Bd. 2, S. 214.

62 *Sigmund Freud: Studienausgabe,* hrsg. von Alexander Mitscherlich, Angela Richards und James Strachey, Bd. 9., Sonderausgabe Frankfurt a.M. 2000, S. 227.

63 Manfred Wagner: *Kultur- und Geistesleben zwischen 1918 und 1928,* in: Die umkämpfte Republik. Österreich von 1918 bis 1938, hrsg. von Stefan Karner, Innsbruck/Bozen/Wien 2017, S. 293-300, S. 300.

64 *Sigmund Freud – Lou Andreas-Salomé. Briefwechsel,* hrsg. von Ernst Pfeiffer, Frankfurt a.M. 1966, S. 83.

65 Norbert Christian Wolf: *Zeitgeschichte und Literaturwissenschaft,* in: Marcus Gräser, Dirk Rupnow (Hrsg.): Österreichische Zeitgeschichte – Zeitgeschichte in Österreich. Eine Standortbestimmung des Umbruchs, Böhlaus Zeitgeschichtliche Bibliothek, Bd. 41, Wien/Köln 2021, S. 691-704, hier S. 694.

66 Hugo von Hofmannsthal: *Österreich im Spiegel seiner Dichtung,* in: ders.: Ausgewählte Werke. Erzählungen und Aufsätze. Frankfurt a.M. 1957, S. 602.

67 Claudio Magris: *Der habsburgische Mythos in der modernen österreichischen Literatur,* übers. von Madeleine von Pásztory, Wien 2000, S. 48.

68 Ebd., S. 13.

69 Joseph Roth: *Die Kapuzinergruft,* München 2003, S. 173f.

70 Robert Musil: *Der Mann ohne Eigenschaften,* 2 Bde., hrsg. von Adolf Frisé, Reinbek bei Hamburg 2013, S. 1146.

71 Eva Menasse: *Das Österreichische reicht in einen größeren Raum,* Interview in «Der Standard» mit Hans Rauscher vom 13.5.2005, zit. nach: https://www.derstandard.at/story/2046788/eva-menasse-im-standard-interview-das-oesterreichische-reicht-in-einen-groesseren-raum

72 Stephen Kotkin: *Uncivil Society. 1989 and the Implosion of Communist Establishment,* New York 2010, S. 29.

73 Zit. nach Christopher Clark: *Die Schlafwandler. Wie Europa in den Ersten Weltkrieg zog,* München 2013, S. 116.

74 Vgl. dazu: Moritz Csáky: *Das Gedächtnis der Städte. Kulturelle Verflechtungen – Wien und die urbanen Milieus in Zentraleuropa,* Wien/Köln/Weimar 2010, S. 39-57, hier S. 40.

75 Claudia Magris, zit. nach Csáky, a.a.O., S. 57.

76 Heinrich von Srbik: *Mitteleuropa. Das Problem und die Versuche seiner Lösung,* Weimar 1937, S. 6.

77 Vgl. dazu: Wolfgang Schreiber: *Im Schatten der Klänge,* in: Süddeutsche Zeitung vom 11. März 2013, zit. nach: https://www.sueddeutsche.de/kultur/ns-vergangenheit-der-wiener-philharmoniker-im-schatten-der-klaenge-1.1621164

78 Oliver Rathkolb, zit. nach Gerald Heidegger: *Beispiel Wiener Sezession: Die «stille Arisierung» vor den Nazis,* in: https://topos.orf.at/secession-geschichte100

79 Gert Kerschbaumer, Karl Müller: *Begnadet für das Schöne. Der rot-weiss-rote Kulturkampf gegen die Moderne, Beiträge zu Kulturwissenschaft und Kulturpolitik,* Bd. 2, Wien 1992, S. 12.

80 Ebd.

81 *Franz Grillparzer: Werke,* hrsg. von Franz Rowas, München 1950, Bd. 2. S. 456f.

82 Ebd., S. 427.

83 Vgl. Magris: *Der Habsburgermythos,* a.a.O., S. 130.

84 Leonello Vincenti: *Grillparzer e i suoi drami,* Mailand/Neapel 1958, S. 103.

85 *Franz Grillparzer: Sämtliche Werke,* hrsg. von Peter Frank und Karl Pönrbacher, Bd. 1, München 1960–1965, S. 120.

86 Hermann Broch: *Hofmannsthal und seine Zeit,* in: ders.: Kommentierte Werkausgabe, hrsg. von Paul Michael Lützeler, Bd. 9/1, Frankfurt a.M. 1975, S. 210f.

87 Ebd., S. 221f.

88 Reinhart Koselleck: *Kritik und Krise. Eine Studie zur Pathogenese der bürgerlichen Welt,* Frankfurt a.M. 1973, S. X und S. 128.

89 Ebd., S. 199.

90 Hermann Bahr: *Das Wunder von Bayreuth,* in: Anna Bahr-Mildenburg, Hermann Bahr: Bayreuth, Leipzig 1912, S. 73-83, S. 77f.

91 Robert Hofmann: *Wer war Heinrich Damisch? Versuch einer biographischen Annäherung,* in: Musicologica Austriaca 27 (2008), S. 181-209. Zit. nach Norbert Christian Wolf: Eine Triumphpforte österreichischer Kunst. Hugo von Hofmannsthal und die Gründung der Salzburger Festspiele, Salzburg/Wien 2004, S. 36.

92 *Hugo von Hofmannsthal: Sämtliche Werke,* Bd. 34 = Reden und Aufsätze, 3, hrsg. von Klaus-Dieter Krabiel, Klaus E. Bohnenkamp und Katja Kaluga, Frankfurt a.M. 2011, S. 341.

93 Johannes Domsich: *Metapher Kommunikation,* Wien 2009, S. 65.

94 Berta Szeps-Zuckerkandl: *Ich erlebte fünfzig Jahre Weltgeschichte,* Stockholm 1939, S. 264f.

95 Maria Inama-Sterneg: *Das Salzburger große Welttheater,* in: Neue Wege Nr. 57/13, S. 13.

96 Thomas Bernhard: *Holzfällen. Eine Erregung,* Frankfurt a.M. 1984, S. 88.

97 Ingeborg Bachmann: *Werke,* hrsg. von Christine Koschel und Clemens Münster, München/Zürich 1978, Bd. 3, S. 17.

98 Stefan Zweig: *Die Stadt als Rahmen,* in: Salzburger Festspiel Almanach 1925, S. 14-16, S. 16.

99 Ebd.

100 Gerald Stieg: *Hofmannsthal und die Salzburger Festspiele,* in: Austriaca 37 (1993), S. 287-298, S. 294.

101 Karl Kraus: *Vom großen Welttheaterschwindel,* in: Die Fackel Jg. XXIV (November 1922), Nr. 601-607, S.1-7, S. 3.

102 Gerd Bacher, zit. nach: *Der Generalintendant. Gerhard Bachers Reden, Vorträge und Stellungnahmen aus den Jahren 1967 bis 1994. Eine Auswahl,* hrsg. von Michael Schmolke in Verbindung mit Sandra Ebner und Thomas Steinmaurer, Wien/Köln/Weimar, S. 234.

103 Zit. nach Friedrich Rennhofer: *Ignaz Seipel. Mensch und Staatsmann. Eine biographische Dokumentation,* Wien/Köln/Graz 1978, S. 572.

104 Heer, a.a.O., S. 354.

105 Karl Hans Sailer, in: Magyar Forum. New York, Vol. 1, Nr. 2, Mai 1941, S. 41.

106 Heer, a.a.O., S. 366.

107 Anton Wildgans: *Rede über Österreich,* zit. nach: http://www.antonwildgans.at/page87.html

108 Ebd.

109 Klaus Kastberger: *Sänger und Geiger,* in: Volltext 1/2018, S. 6-9, S. 9.

110 Talcott Parsons: *Democrazy and Social Structure in Pre-Nazi Germany,* in: ders.: Essays in Sociological Theory, New York 1964, S.123.

111 Herf, a.a.O., S. 3.

112 Guido Müller: *Rohan, Karl Anton Adolf Julian Victor Maria Prinz,* in: Neue Deutsche Biographie, Bd. 21, Berlin 2003, S. 760f.

113 W. Daniel Wilson: *Judenfreund, Judenfeind – oder Jude? Goethe und das Judentum im Nationalsozialismus*, in: Anna-Dorothea Ludewig, Steffen Höhne (Hrsg.): Goethe und die Juden – die Juden und Goethe. Beiträge zu einer Beziehungs- und Rezeptionsgeschichte, Berlin/Boston 2018, S. 246f.

114 *Hitlers Tischgespräche im Führerhauptquartier 1941–1942*, hrsg. von Henry Picker, Stuttgart 1977, 360.

115 Joseph Goebbels: *Tagebucheintrag vom 4. Juni 1939*, in: Die Tagebücher von Joseph Goebbels. Im Auftrag des Instituts für Zeitgeschichte und mit Unterstützung des Staatlichen Archivdienstes Russlands, hrsg. von Elke Fröhlich, München 1987.

116 Oliver Rathkolb: *Schirach. Eine Generation zwischen Goethe und Hitler,* Wien 2020, S. 133f.

117 Oliver Rathkolb, zit. nach: Gerald Heidegger: *Von Schirach und die Österreich-Identität,* in: ORF.at, 25.10.2020, zit. nach: https://orf.at/stories/3186435/

118 Ebd.

119 Ebd.

120 «Wiener Kurier», 1. September 1945, Nr. 6, 1. Jg, S. 3.

121 Ilse Aichinger: *Rede an die Jugend,* in: Ilse Aichinger. Leben und Werk, hrsg. von Samuel Moser, Frankfurt a.M. 2003, S. 20-22, S. 21.

122 Titelseite des «Neuen Österreich», 23. April 1945.

123 Gerald Heidegger, Oliver Rathkolb: *Das «neue Fenster zur Welt» nach 1945,* in: ORF Topos, 30.12.2023, zit. nach: https://topos.orf.at/ploetzlich-international-coudenhove-kalergi100

124 Alle Zitate: ebd.

125 Alle Zitate: Ilse Aichinger: *Das vierte Tor,* in: Ilse Aichinger: Werke, hrsg. von Richard Reichensperger, Frankfurt a.M. 1991, S. 272ff.

126 Ebd., S. 273.

127 Hermann Vinke: «*Sich nicht anpassen lassen ...*» *Gespräch mit Ilse Aichinger über Sophie Scholl,* in: Ilse Aichinger. Leben und Werk, a.a.O., S. 36-41, S. 36.

128 Ernst Lothar: *Das Wunder des Überlebens,* München 2021 (Paperbackausgabe), S. 258.

129 Holger Englerth: *Europa oder Lipizzaner. Die Europäische Revue 1946–1949,* in: https://www.onb.ac.at/oe-literaturzeitschriften/Europaeische_Rundschau/Europaeische_Rundschau_essay.pdf

130 Hans Weigl, zit. nach: Europäische Revue I.6/7 (1946), S. 317.

131 Robert Menasse: *Das war Österreich,* Frankfurt a.M. 2005, S. 139.

132 Vgl. dazu Christine Riccabona: *Begegnungen 1969. Die letzte Österreichische Jugendkulturwoche in Innsbruck,* in: das Fenster, 68, 1999, S. 6453-6458.

133 Hilde Spiel: *Welche Welt ist meine Welt? Erinnerungen 1946–1989,* Reinbek bei Hamburg 1992, S. 220.

134 Menasse, a.a.O., S. 149.

135 *George Saiko: Sämtliche Werke in fünf Bänden,* hrsg. von Josef Haslinger, Salzburg/Wien 1985–1992, Bd. 4., S. 203.

136 Manfried Rauchensteiner: *Unter Beobachtung. Österreich seit 1945,* aktualisierte Ausgabe, Wien/Köln 2021, S. 263.

137 Menasse, a.a.O., S. 42.

138 Menasse, a.a.O., S. 138.

139 Roland Innerhofer: *Die Grazer Autorenversammlung (1973–1983). Zur Organisation einer Avantgarde,* Wien/Köln/Weimar 1985, S. 17f.

140 Klaus Kastberger: *The 1950-s,* in: Die fünfziger Jahre. Kunst und Kunstverständnis in Wien, hrsg. von Berthold Ecker und Wolfgang Hilger, Wien 2009, S. 35-46, S. 35.

141 Gerhard Fritsch: *Österreichische Literatur: Eine Literatur der*

Einzelgänger, in: Bestandsaufnahme Österreich 1945–1963, hrsg. von Jacques Hanak, Wien/Hannover/Bern 1963, S. 353-371, S. 354.

142 Vgl. Fritsch, ebd., S. 360ff.

143 Ebd., S. 355f.

144 Ebd.

145 Hilde Spiel: *Welche Welt ist meine Welt,* a.a.O., S. 228f.

146 Ebd., S. 229f.

147 Ebd., S. 222.

148 Vgl. Erich Hobsbawm: *The Age of Extremes. The Short Twentieth Century,* New York 1995, S. 321ff.

149 Ljiljana Radonić, Heidemarie Uhl: *Gedächtnis und Erinnerungskultur,* in: Österreichische Zeitgeschichte – Zeitgeschichte in Österreich. Eine Standortbestimmung in Zeiten des Umbruchs, hrsg. von Marcus Gräser und Dirk Rupnow, Wien/Köln 2021, S. 263-283, S. 263.

150 Christian Rainer: «*Natürlich ist es immer wieder auch ein Kampf»,* in: «Kurier», 12.2.2023, Interview mit Thomas Trenkler, S. 29.

151 Franz Schuh: *Nobody is perfect. Bruno Kreisky und der Begriff des Politischen.* Vortrag zum 110. Geburtstag von Bruno Kreisky im Kreisky-Forum, zit. nach: https://www.kreisky-forum.org/wp-content/uploads/2021/01/KREISKY-210103-Text-Franz-Schuh_Web.pdf

152 Vgl. dazu Margit Reiter: *Die Ehemaligen. Der Nationalsozialismus und die Anfänge der FPÖ,* Göttingen 2019.

153 Evelyne Polt-Heinzl: *Kulturskandale der 1970er Jahren. Lauter kleine Staatsoperetten,* in: dies. (Hrsg.): Staatsoperetten. Kunstverstörungen. Das kulturelle Klima der 1970er Jahre. Zirkular Sondernummer 75, S. 9-42, S. 14.

154 Anfrage des Abgeordneten Peter, Dr. Frischenschlager vom 17. April 1978 an den Bundesminister für Unterricht und Kunst betreffend Ensemblepolitik im Burgtheater (1815/J).

155 Vgl. Anfrage des Abgeordneten Busek an den Bundesminister für Unterricht und Kunst betreffend die künstlerische Leitung des Burgtheaters (1862/J). Eingebracht in der Sitzung des Nationalrates vom 3.5.1978.

156 Zit. nach «Kurier», 19.4.1978, *Verdächtigt des gezielten Linksdralls* von Paul Blaha.

157 Achim Benning: *Rede, gehalten zur Verleihung der Josef-Kainz-Medaille der Stadt Wien,* in: Burgtheater Wien 1776–1986. Ebenbild und Widerspruch – Zweihundert und zehn Jahre, hrsg. von Reinhard Urbach und Achim Benning, Wien 1986, S. 225.

158 Oliver Rathkolb: *Die paradoxe Republik. Österreich 1945 bis 2005,* Wien 2005, S. 139.

159 Zit. nach: Wolfgang Petritsch: *Bruno Kreisky,* St. Pölten, Salzburg 2011, S. 186.

160 Marlene Streeruwitz: *Krisen offenbaren unseren Selbstbetrug,* zit. nach: https://orf.at/stories/3255549/

161 Reich, a.a.O., S. 12f.

162 Susan Sontag: *Ich schreibe, um herauszufinden, was ich denke. Tagebücher 1964–1980,* München 2013, Kindle Ausgabe, Pos. 8870.

163 Rathkolb, a.a.O., S. 142.

164 Ulrich Raulff: *Wiedersehen mit den Siebzigern. Die wilden Jahre des Lesens,* Stuttgart 2014, S. 23.

165 Ebd.

166 Vgl. dazu: Hans Seidel: *Small is beautiful. Österreichs Wirtschaft heute – morgen,* in: Hannes Androsch, Helmuth Haschek: Österreich. Geschichte und Gegenwart, Wien 1987, S. 158-184.

167 Manfried Rauchensteiner: a.a.O., S. 455 und 467.

168 Klaus Zeyringer, Helmut Gollner: *Eine Literaturgeschichte: Österreich seit 1650,* Innsbruck/Wien/Bozen 2012, S. 694.

169 Marlene Streeruwitz, a.a.O.

170 Ingeborg Bachmann: *Wir müssen wahre Sätze finden. Ge-*

spräche und Interviews, hrsg. von Christine Koschel und Inge von Weidenbaum, München/Zürich 1994, S. 40.

171 Ebd., S. 23.

172 *Ingeborg Bachmann: Werke,* hrsg. von Christine Koschel, Inge von Weidenbaum und Clemens Münster, Bd. 2, München/Zürich 1993, S. 97.

173 Thomas Bernhard: *Auslöschung. Ein Zerfall,* Frankfurt a.M. 1988, S. 8.

174 Ebd., S. 8 f.

175 Ebd., S. 9.

176 *Ingeborg Bachmann: Werke,* Bd. 4, a.a.O., S. 32.

177 *Literarische Italienfluchten in der österreichischen Gegenwartsliteratur. Zu Ingeborg Bachmann, Thomas Bernhard, Josef Winkler,* in: Zwischen Kontinuität und Rekonstruktion. Kulturtransfer zwischen Deutschland und Italien nach 1945. Hrsg. von Hansgeorg Schmidt-Bergmann, Tübingen 1998 (Reihe Villa Vigoni, 12), S. 186-200, S. 187.

178 Benedikt, a.a.O., S. 164.

179 Bernhard: *Auslöschung,* a.a.O., S. 203.

180 Zit. nach Benedikt, a.a.O., S. 114.

Literatur

Ilse Aichinger: *Das vierte Tor*, in: Ilse Aichinger: Werke, hrsg. von Richard Reichensperger, Frankfurt a.M. 1991.

Ilse Aichinger: *Rede an die Jugend*, in: Ilse Aichinger. Leben und Werk, hrsg. von Samuel Moser, Frankfurt a.M. 2003.

Victor von Andrian-Werburg: *Oesterreich und dessen Zukunft*, Hamburg 1843.

Ingeborg Bachmann: *Werke*, hrsg. von Christine Koschel, Inge von Weidenbaum und Clemens Münster, Bd. 2, München/Zürich 1993.

Ingeborg Bachmann: *Werke*, hrsg. von Christine Koschel und Clemens Münster, Bd. 3, München/Zürich 1978.

Ingeborg Bachmann: *Wir müssen wahre Sätze finden. Gespräche und Interviews*, hrsg. von Christine Koschel und Inge von Weidenbaum, München/Zürich 1994.

Hermann Bahr: *Das Wunder von Bayreuth*, in: Anna Bahr-Mildenburg, Hermann Bahr: Bayreuth, Leipzig 1912.

Heinrich Benedikt: *Kaiseradler über dem Apennin. Die Österreicher in Italien 1700–1866*, Wien 1964.

Achim Benning: *Rede, gehalten zur Verleihung der Josef-Kainz-Medaille der Stadt Wien*, in: Burgtheater Wien 1776–1986. Ebenbild und Widerspruch – Zweihundert und zehn Jahre, hrsg. von Reinhard Urbach und Achim Benning, Wien 1986.

Thomas Bernhard: *Auslöschung. Ein Zerfall,* Frankfurt a.M. 1988.

Thomas Bernhard: *Holzfällen. Eine Erregung,* Frankfurt a.M. 1984.

Hermann Broch: *Hofmannsthal und seine Zeit,* in: ders.: Kommentierte Werkausgabe, hrsg. von Paul Michael Lützeler, Bd. 9/1, Frankfurt a.M. 1975.

Max Brod: *Streitbares Leben 1884–1968,* München/Berlin/Wien.

Michel de Certeau: *Theoretische Fiktionen: Geschichte und Psychoanalyse,* übers. von Andreas Mayer, Wien 1997.

Christopher Clark: *Die Schlafwandler. Wie Europa in den Ersten Weltkrieg zog,* München 2013.

Gabriele B. Clemens: *Geschichte des Risorgimento. Italiens Weg in die Moderne (1770–1870),* Wien/Köln/Weimar 2021.

Moritz Csáky: *Das Gedächtnis der Städte. Kulturelle Verflechtungen – Wien und die urbanen Milieus in Zentraleuropa,* Wien/Köln/Weimar 2010.

Johannes Domsich: *Metapher Kommunikation,* Wien 2009.

Franz M. Eybl: *Probleme einer österreichischen Literaturgeschichte des 18. Jahrhunderts,* in: Literaturgeschichte: Österreich. Prolegomena und Fallstudien, hrsg. von Wendelin Schmidt-Dengler, Johannes Sonnleitner und Klaus Zeyringer, Berlin 1995.

Franz Leander Fillafer: *Aufklärung habsburgisch. Staatsbildung, Wissenskultur und Geschichtspolitik in Zentraleuropa 1750–1850,* Göttingen 2020.

Sigmund Freud – Lou Andreas-Salomé. Briefwechsel, hrsg. von Ernst Pfeiffer, Frankfurt a.M. 1966.

Sigmund Freud – Sàndor Ferenczi. Briefwechsel, 6 Bde., hrsg. von Ernst Falzeder, Eva Brabant und Patrizia Gampieri-Deutsch, Bd. 2, Wien 1993–2005.

Sigmund Freud: Studienausgabe, hrsg. von Alexander Mitscherlich, Angela Richards und James Strachey, Bd. 9., Sonderausgabe Frankfurt a.M. 2000.

Gerhard Fritsch: *Österreichische Literatur: Eine Literatur der Einzelgänger,* in: Bestandsaufnahme Österreich 1945–1963, hrsg. von Jacques Hanak, Wien/Hannover/Bern 1963.

Joseph Goebbels: *Tagebucheintrag vom 4. Juni 1939,* in: Die

Tagebücher von Joseph Goebbels. Im Auftrag des Instituts für Zeitgeschichte und mit Unterstützung des Staatlichen Archivdienstes Russlands, hrsg. von Elke Fröhlich, München 1987.

Franz Grillparzer: Sämtliche Werke, hrsg. von Peter Frank und Karl Pönrbacher, Bd. 1, München 1960–1965.

Franz Grillparzer: Werke, hrsg. von Franz Rowas, Bd. 2, München 1950.

Jürgen Habermas: *Der Strukturwandel der Öffentlichkeit. Untersuchungen zu einer Kategorie der bürgerlichen Gesellschaft.* Mit einem Vorwort zur Neuauflage 1990, Frankfurt a.M. 1991.

Hilde Haider-Pregler: *Von Gourmets, Gourmands und ‹Feinschmeckern des Geists›,* in: Der Mittagsesser. Eine kulinarische Thomas-Bernhard-Lektüre, hrsg. von Hilde Haider-Pregler und Birgit Peter, Frankfurt am Main 2001.

G.F.W. Hegel: *Vorlesungen über die Philosophie der Geschichte,* in: ders.: Werke in 20 Bänden, Bd. 12, Redaktion Eva Moldenhauer und Karl Klaus Michel, Frankfurt 1970.

Erich Hobsbawm: *The Age of Extremes. The Short Twentieth Century,* New York 1995.

Robert Hofmann: *Wer war Heinrich Damisch? Versuch einer biographischen Annäherung,* in: Musicologica Austriaca 27, Wien, 2008.

Roland Innerhofer: *Die Grazer Autorenversammlung (1973–1983). Zur Organisation einer Avantgarde,* Wien/Köln/Weimar 1985.

Elfriede Jelinek: *Ich will seicht sein,* in: Theater Heute Jahrbuch, Wien 1983.

Klaus Kastberger: *The 1950-s,* in: Die fünfziger Jahre. Kunst und Kunstverständnis in Wien, hrsg. von Berthold Ecker und Wolfgang Hilger, Wien 2009.

Gert Kerschbaumer, Karl Müller: *Begnadet für das Schöne. Der* rot-weiss-rote Kulturkampf gegen die Moderne, Beiträge zu Kulturwissenschaft und Kulturpolitik, Bd. 2, Wien 1992.

Reinhart Koselleck: *Kritik und Krise. Eine Studie zur Pathogenese der bürgerlichen Welt*, Frankfurt a.M. 1973.

Stephen Kotkin: *Uncivil Society. 1989 and the Implosion of Communist Establishment*, New York 2010.

Karl Kraus: *Vom großen Welttheaterschwindel*, in: Die Fackel Jg. XXIV (November 1922).

Ernst Lothar: *Das Wunder des Überlebens*, München 2021.

Marianne Lunzer: *Josephinisches und antijosephinisches Schrifttum*, in: Öffentliche Meinung in der Geschichte Österreichs, hrsg. von Erich Zöllner, Wien 1979.

Claudio Magris: *Der habsburgische Mythos in der modernen österreichischen Literatur.* Mit einem Vorwort «Dreißig Jahre danach», Wien 1996.

Claudio Magris: *Der habsburgische Mythos in der modernen österreichischen Literatur,* übers. von Madeleine von Pásztory, Wien 2000.

Robert Menasse: *Das war Österreich*, Frankfurt a.M. 2005.

Guido Müller: *Rohan, Karl Anton Adolf Julian Victor Maria Prinz*, in: Neue Deutsche Biographie, Bd. 21, Berlin 2003.

Robert Musil: *Der Mann ohne Eigenschaften*, 2 Bde., hrsg. von Adolf Frisé, Reinbek bei Hamburg 2013.

Friedrich Nicolai: *Beschreibung einer Reise durch Deutschland und die Schweiz, im Jahr 1781: Nebst Bemerkungen über Gelehrsamkeit, Industrie, Religion und Sitten*, in: ders.: Nachdruck der Gesammelten Werke 1783–1796, hrsg. von Bernhard Fabian und Marie-Luise Spiekermann, Hildesheim/Zürich/New York.

Thomas Olechowski: *Zur Zensur am Ende des 18. Jahrhunderts. Dichter als Zensoren*, in: Aloys Blumauer und seine Zeit, hrsg. von

Franz M. Eybl, Johannes Frimmel und Wynfried Kriegleder, Bochum 2007.

Talcott Parsons: *Democrazy and Social Structure in Pre-Nazi Germany,* in: ders.: *Essays in Sociological Theory,* New York 1964.

Elsbeth Dangel-Pelloquin, Alexander Honold: *Grenzenlose Verwandlung. Hugo von Hofmannsthal,* Frankfurt am Main 2024.

Wolfgang Petritsch: *Bruno Kreisky,* St. Pölten/Salzburg 2011.

Henry Picker (Hrsg.): *Hitlers Tischgespräche im Führerhauptquartier 1941–1942,* Stuttgart 1977.

Evelyne Polt-Heinzl: *Kulturskandale der 1970er Jahren. Lauter kleine Staatsoperetten,* in: dies. (Hrsg.): Staatsoperetten. Kunstverstörungen. Das kulturelle Klima der 1970er Jahre. Zirkular Sondernummer 75, Wien 2010.

Lucjan Puchalski: *Imaginärer Name Österreich. Der literarische Österreich-Begriff an der Wende vom 18. zum 19. Jahrhundert,* in: Schriftenreihe der österreichischen Gesellschaft zur Erforschung des 18. Jahrhunderts, Bd. 8, Wien/Köln/Weimar 2000.

Ljiljana Radonić, Heidemarie Uhl: *Gedächtnis und Erinnerungskultur,* in: Österreichische Zeitgeschichte – Zeitgeschichte in Österreich. Eine Standortbestimmung in Zeiten des Umbruchs, hrsg. von Marcus Gräser und Dirk Rupnow, Wien/Köln 2021.

Oliver Rathkolb: *Die paradoxe Republik. Österreich 1945 bis 2005,* Wien 2005.

Oliver Rathkolb: *Schirach. Eine Generation zwischen Goethe und Hitler,* Wien 2020.

Manfried Rauchensteiner: *Unter Beobachtung. Österreich seit 1945,* aktualisierte Ausgabe, Wien/Köln 2021.

Ulrich Raulff, *Wiedersehen mit den Siebzigern. Die wilden Jahre des Lesens,* Stuttgart 2014.

Margit Reiter: *Die Ehemaligen. Der Nationalsozialismus und die Anfänge der FPÖ*, Göttingen 2019.

Friedrich Rennhofer: *Ignaz Seipel. Mensch und Staatsmann. Eine biographische Dokumentation*, Wien/Köln/Graz 1978.

Christine Riccabona: *Begegnungen 1969. Die letzte Österreichische Jugendkulturwoche in Innsbruck,* in: das Fenster, 68, Innsbruck 1999.

Joseph Roth: *Die Kapuzinergruft,* München 2003.

George Saiko: Sämtliche Werke in fünf Bänden, hrsg. von Josef Haslinger, Bd. 4, Salzburg/Wien 1985–1992.

Karl Hans Sailer, in: Magyar Forum. New York, Vol. 1, Nr. 2, Mai 1941.

Michael Schmolke (Hrsg.): *Der Generalintendant. Gerhard Bachers Reden, Vorträge und Stellungnahmen aus den Jahren 1967 bis 1994. Eine Auswahl,* Wien/Köln/Weimar 2000.

Hans Seidel: *Small is beautiful. Österreichs Wirtschaft heute – morgen,* in: Hannes Androsch, Helmuth Haschek: Österreich. Geschichte und Gegenwart, Wien 1987.

Johann Sonnleitner: *Literarische Italienfluchten in der österreichischen Gegenwartsliteratur. Zu Ingeborg Bachmann, Thomas Bernhard, Josef Winkler,* in: Zwischen Kontinuität und Rekonstruktion. Kulturtransfer zwischen Deutschland und Italien nach 1945, hrsg. von Hansgeorg Schmidt-Bergmann, Tübingen 1998 (Reihe Villa Vigoni, 12).

Susan Sontag: *Ich schreibe, um herauszufinden, was ich denke. Tagebücher 1964–1980,* München 2013.

Hilde Spiel: *Welche Welt ist meine Welt? Erinnerungen 1946–1989,* Reinbek bei Hamburg 1992.

Heinrich von Srbik: *Mitteleuropa. Das Problem und die Versuche seiner Lösung,* Weimar 1937.

Stendhal: *Promenades dans Rome,* hrsg. von Victor Del Litto, Paris 1997.

Marlene Streeruwitz: *Handbuch gegen den Krieg.,* Wien 2022.

Gerald Stieg: *Hofmannsthal und die Salzburger Festspiele,* in: Austriaca 37 (1993).

Berta Szeps-Zuckerkandl: *Ich erlebte fünfzig Jahre Weltgeschichte,* Stockholm 1939.

Franco Venturi: *Settecento riformatore,* Turin 1969–1987.

Leonello Vincenti: *Grillparzer e i suoi drami,* Mailand/Neapel 1958.

Hermann Vinke: «*Sich nicht anpassen lassen …*» *Gespräch mit Ilse Aichinger über Sophie Scholl,* in: Ilse Aichinger. Leben und Werk, hrsg. von Samuel Moser, Frankfurt a.M. 2003.

Karl Vocelka: *Österreichische Geschichte 1899–1815. Glanz und Untergang der höfischen Welt,* Wien 2001.

Hugo von Hofmannsthal: *Gabriele D'Annunzio,* in: ders.: Gesammelte Werke in zehn Einzelbänden, hrsg. von Bernd Schoeller und Rudolf Hirsch, Bd. 1: Reden und Aufsätze I, Frankfurt a.M. 1979.

Hugo von Hofmannsthal: *Österreich im Spiegel seiner Dichtung,* in: ders.: Ausgewählte Werke. Erzählungen und Aufsätze. Frankfurt a.M. 1957.

Hugo von Hofmannsthal: Sämtliche Werke, Bd. 34 = Reden und Aufsätze, 3, hrsg. von Klaus-Dieter Krabiel, Klaus E. Bohnenkamp und Katja Kaluga, Frankfurt a.M. 2011.

Manfred Wagner: *Kultur- und Geistesleben zwischen 1918 und 1928,* in: Die umkämpfte Republik. Österreich von 1918 bis 1938, hrsg. von Stefan Karner, Innsbruck/Bozen/Wien 2017.

Hans-Ulrich Wehler: *Deutsche Gesellschaftsgeschichte, Bd 1: Vom Feudalismus des Alten Reiches bis zur defensiven Modernisierung der Reformära 1700–1820,* München 1989.

Bernhard Weyergraf: *Einleitung zu Hansers Sozialgeschichte der deutschsprachigen Literatur seit dem 16. Jahrhundert, Bd 8: Literatur der Weimarer Republik 1918–1933*, München 1995.

Eduard Winter: *Frühliberalismus in der Donaumonarchie. Nationales und religiöses Denken von 1790 bis 1868*, Berlin 1968.

W. Daniel Wilson: *Judenfreund, Judenfeind – oder Jude? Goethe und das Judentum im Nationalsozialismus,* in: Anna-Dorothea Ludewig, Steffen Höhne (Hrsg.): Goethe und die Juden – die Juden und Goethe. Beiträge zu einer Beziehungs- und Rezeptionsgeschichte, Berlin/Boston 2018.

Norbert Christian Wolf: *Glanz und Elend der Aufklärung in Wien. Voraussetzungen – Institutionen – Texte,* Wien/Köln 2023.

Norbert Christian Wolf: *In einem gewissen Salzburg-Wiener-Geiste. Hofmannsthal und die Salzburger Festspiele zwischen Kulturpolitik und Kulturkritik (1918–1928)*, in: Kulturkritik der Wiener Moderne (1890–1938), hrsg. von Barbara Beßlich und Cristina Fossaluzza unter Mitarbeit von Tillmann Heise und Bernhard Walcher, Heidelberg, Winter 2019 (=Beihefte zum Euphorion, H. 110).

Norbert Christian Wolf: *Zeitgeschichte und Literaturwissenschaft,* in: Marcus Gräser, Dirk Rupnow (Hrsg.): Österreichische Zeitgeschichte – Zeitgeschichte in Österreich. Eine Standortbestimmung des Umbruchs, Böhlaus Zeitgeschichtliche Bibliothek, Bd. 41, Wien/Köln 2021.

Klaus Zeyringer, Helmut Gollner: *Eine Literaturgeschichte: Österreich seit 1650,* Innsbruck/Wien/Bozen 2012.

Stefan Zweig: *Die Stadt als Rahmen,* in: Salzburger Festspiel Almanach 1925.

Internet

«Arbeiter-Zeitung», 10.8.1918, zit. nach: https://anno.onb.ac.at/cgi-content/anno?aid=aze&datum=19180810&seite=2&zoom=33

Wilhelm Berger: *Die letzten Orte,* zit. nach: https://unikum.ac.at/001_OFFENE_ORTE/DIE_LETZTEN_TAELER/005_DLT_TEXTPROBE_DURCHG.htm

Georg Biron: *60 Jahre «Herr Karl»: «Mir brauchen Sie gar nix erzähl'n»,* in: Wiener Zeitung vom 2.10.2021, zit. nach: https://www.wienerzeitung.at/h/60-jahre-herr-karl-mir-brauchen-sie-gar-nix-erzahln

Holger Englerth: *Europa oder Lippizaner. Die Europäische Revue 1946–1949,* zit. nach: https://www.onb.ac.at/oe-literaturzeitschriften/Europaeische_Rundschau/Europaeische_Rundschau_essay.pdf

Gerald Heidegger, Oliver Rathkolb: *Das «neue Fenster zur Welt» nach 1945,* in: ORF Topos, 30.12.2023, zit. nach: https://topos.orf.at/ploetzlich-international-coudenhove-kalergi100

Eva Menasse: *Das Österreichische reicht in einen größeren Raum,* Interview in: «Der Standard» mit Hans Rauscher vom 13.5.2005, zit. nach: https://www.derstandard.at/story/2046788/eva-menasse-im-standard-interview-das-oesterreichische-reicht-in-einen-groesseren-raum

Oliver Rathkolb, Interview mit Gerald Heidegger: *Von Schirach und die Österreich-Identität,* in: ORF.at, 25.10.2020, zit. nach: https://orf.at/stories/3186435/

Franz Schuh: *Nobody is perfect. Bruno Kreisky und der Begriff des Politischen,* Vortrag zum 110. Geburtstag von Bruno Kreisky im Kreisky-Forum, zit. nach: https://www.kreisky-forum.org/wp-content/uploads/2021/01/KREISKY-210103-Text-Franz-Schuh_Web.pdf

Marlene Streeruwitz: *Krisen offenbaren unseren Selbstbetrug,* zit. nach: https://orf.at/stories/3255549/

Anton Wildgans: *Rede über Österreich,* zit. nach: http://www.antonwildgans.at/page87.html

Periodika

Paul Blaha: *Verdächtigt des gezielten Linksdralls,* in: «Kurier», 19.4.1978.

Christian Rainer: «*Natürlich ist es immer wieder auch ein Kampf*», in: «Kurier», 12.2.2023, Interview mit Thomas Trenkler.

Titelseite des «Neuen Österreich», 23. April 1945.

«Wiener Kurier», 1. September 1945, Nr. 6, 1. Jg.

Bildnachweise

Seite 10: ARCHIVIO GBB / Alamy Stock Foto

Seite 40: Pictorial Press Ltd / Alamy Stock Foto

Seite 76: INTERFOTO / Alamy Stock Foto

Seite 112: INTERFOTO / Alamy Stock Foto

Seite 154: Marlene Streeruwitz / Privat

Seite 160: INTERFOTO / Alamy Stock Foto

GERALD HEIDEGGER, Literaturwissenschafter, Studium in Wien, Dijon und Würzburg, lange Jahre Chefredakteur von orf.at, ist durch seine Kulturkritiken und Geschichtsfeatures bekannt.